Avaliação de
impactos ambientais

O selo DIALÓGICA da Editora InterSaberes faz referência às publicações que privilegiam uma linguagem na qual o autor dialoga com o leitor por meio de recursos textuais e visuais, o que torna o conteúdo muito mais dinâmico. São livros que criam um ambiente de interação com o leitor – seu universo cultural, social e de elaboração de conhecimentos –, possibilitando um real processo de interlocução para que a comunicação se efetive.

Avaliação de impactos ambientais

Katia Cristina Garcia

Rua Clara Vendramin, 58 • Mossunguê
CEP 81200-170 • Curitiba • PR • Brasil
Fone: (41) 2106-4170
www.intersaberes.com
editora@editoraintersaberes.com.br

- Conselho editorial
  Dr. Ivo José Both (presidente)
  Drª Elena Godoy
  Dr. Nelson Luís Dias
  Dr. Neri dos Santos
  Dr. Ulf Gregor Baranow

- Editora-chefe
  Lindsay Azambuja

- Supervisora editorial
  Ariadne Nunes Wenger

- Analista editorial
  Ariel Martins

- Preparação de originais
  Belaprosa

- Capa e projeto gráfico
  Mayra Yoshizawa

1ª edição, 2014.

Foi feito o depósito legal. Informamos que é de inteira responsabilidade da autora a emissão de conceitos. Nenhuma parte desta publicação poderá ser reproduzida por qualquer meio ou forma sem a prévia autorização da Editora InterSaberes. A violação dos direitos autorais é crime estabelecido na Lei n. 9.610/1998 e punido pelo art. 184 do Código Penal.

Dados Internacionais de Catalogação na Publicação (CIP)
(Câmara Brasileira do Livro, SP, Brasil)

Garcia, Katia Cristina
 Avaliação de impactos ambientais/Katia Cristina Garcia. – Curitiba: InterSaberes, 2014.

 Bibliografia.
 ISBN 978-85-443-0092-3

 1. Gestão ambiental 2. Impacto ambiental 3. Licenças ambientais 4. Política ambiental 5. Riscos ambientais I. Título.

14-09330   CDD-304.28

Índice para catálogo sistemático:
 1. Avaliação de impactos ambientais: Gestão ambiental 304.28

Sumário

7   Como aproveitar ao máximo este livro

11   Apresentação

15   **Conceitos básicos**
19   Impacto ambiental
25   Risco ambiental
27   Avaliação de impactos ambientais (AIA)

37   **Política e legislação do processo de avaliação de impacto ambiental**
41   Política Nacional do Meio Ambiente (PNMA)
44   Sistema Nacional do Meio Ambiente (Sisnama)
52   Licenciamento ambiental

67 **Estudos de avaliação de impactos ambientais**
71   Histórico da avaliação de impactos ambientais
79   Processo de avaliação de impactos ambientais
86   Resolução Conama n. 1, de 23 de janeiro de 1986
100   Resolução Conama n. 9, de 3 de dezembro de 1987

109 **Impactos ambientais nos meios físico, biótico e socioeconômico**
112   Identificação e avaliação de impactos ambientais

159 **Medidas mitigadoras, compensatórias e programas socioambientais**
164   Planos e programas
179   Compensação ambiental

187 **Estudos de caso**
191   Estudo de caso 1
216   Estudo de caso 2

229 Para concluir...
231 Referências
247 Respostas
253 Sobre a autora
257 Anexo

Como aproveitar ao máximo este livro

Este livro traz alguns recursos que visam enriquecer o seu aprendizado, facilitar a compreensão dos conteúdos e tornar a leitura mais dinâmica. São ferramentas projetadas de acordo com a natureza dos temas que vamos examinar. Veja a seguir como esses recursos se encontram distribuídos na obra.

Conteúdos do capítulo

Logo na abertura do capítulo, você fica conhecendo os conteúdos que nele serão abordados.

Após o estudo deste capítulo, você será capaz de:

Você também é informado a respeito das competências que irá desenvolver e dos conhecimentos que irá adquirir com o estudo do capítulo.

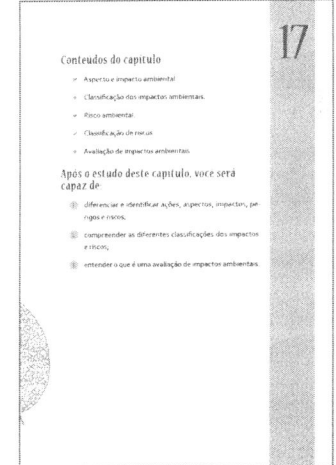

8

Síntese

Você dispõe, ao final do capítulo, de uma síntese que traz os principais conceitos nele abordados.

Questões para revisão

Com estas atividades, você tem a possibilidade de rever os principais conceitos analisados. Ao final do livro, a autora disponibiliza as respostas às questões, a fim de que você possa verificar como está sua aprendizagem.

Questões para reflexão

Nesta seção, a proposta é levá-lo a refletir criticamente sobre alguns assuntos e trocar ideias e experiências com seus pares.

Sugestão para o professor

Nesta seção, o objetivo é propor uma sugestão de trabalho para o professor, por vezes como complemento à seção "Questões para reflexão", a fim de incitar a pesquisa, o debate e a busca de informações e soluções para problemas e questões relevantes sobre os temas tratados no capítulo.

10

Para saber mais

Você pode consultar as obras indicadas nesta seção para aprofundar sua aprendizagem.

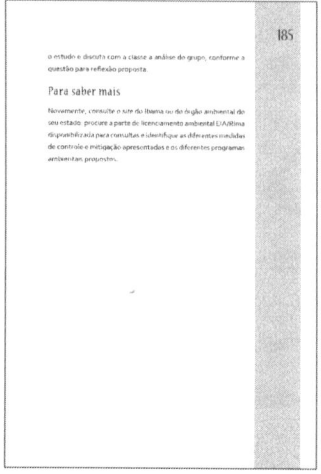

Apresentação

Este livro tem como objetivo introduzir a avaliação de impactos ambientais (AIA), apresentando os conceitos básicos, a evolução histórica, o quadro legal e institucional e a importância desse instrumento ambiental na elaboração de projetos e na implantação de empreendimentos.

Pretendemos também apresentar as metodologias mais usuais para avaliar os impactos ambientais e as aplicações práticas em estudos de impacto ambiental (EIA) e relatórios de impacto ambiental (Rima) nas diferentes esferas da gestão ambiental pública no Brasil. Assim, construímos uma visão geral da AIA em diferentes contextos, destacando similaridades e diferenças, abrangência e versatilidade, além das peculiaridades de cada caso, com as quais o leitor pode se deparar em sua vida profissional.

Dessa forma, nosso desejo é incitar e orientar você, leitor, a buscar outras situações, casos e exemplos em novos contextos regionais e temporais do uso da AIA. O objetivo é consolidar o saber e levá-lo a ser agente da construção do próprio conhecimento, auxiliando-o assim a se tornar um profissional da área ambiental com uma visão ampla, multidisciplinar e crítica.

A AIA é um importante instrumento utilizado para avaliação da viabilidade ambiental de projetos, uma vez que engloba diversas etapas, desde o diagnóstico da situação atual de dada localidade anteriormente à implementação de um projeto, a avaliação dos impactos do dado empreendimento, até a comunicação e participação das partes interessadas, inclusive na definição de medidas de controle, mitigação e compensação, além de programas de monitoramento ambiental.

Assim, no Brasil, a AIA é utilizada tanto como instrumento quanto como processo no contexto do licenciamento ambiental de projetos de maneira mandatória e em estudos de avaliação ambiental estratégica (AAE), ainda sem base legal definida.

Considerando essa relevância do tema, este livro pretende mostrar os diferentes conceitos que embasam essas duas vertentes da AIA, contextualizar a evolução de sua utilização tanto internacional quanto nacionalmente, destacar a legislação nacional relacionada e localizá-la no contexto do licenciamento ambiental de projetos. Nele são ainda apresentados diferentes métodos mais usuais de AIA e estudos de caso, com o objetivo de mostrar a flexibilidade inerente ao instrumento e ao processode AIA.

No Capítulo 1, apresentamos os conceitos básicos não só de AIA, mas também de outros elementos importantes no processo de licenciamento ambiental, como a definição e a diferenciação de impactos e riscos.

Em seguida, no Capítulo 2, abordamos a legislação pertinente ao processo de AIA, além das etapas do processo de licenciamento, prazos e papel de cada órgão de meio ambiente.

No Capítulo 3, destacamos a evolução da AIA e as etapas desse processo, bem como os conteúdos dos EIA no âmbito do licenciamento ambiental.

Entrando em mais detalhes, no Capítulo 4 apresentamos diferentes métodos de AIA e, na sequência, no Capítulo 5, trazemos diversas medidas de controle, mitigação e regras da compensação ambiental. São ainda apresentados os programas socioambientais mais usualmente mencionados nos EIA, com uma breve descrição de cada um deles.

Finalmente, no Capítulo 6 destacamos dois estudos de caso com a intenção de exemplificar na prática o que foi apresentado ao longo do livro. Não é nossa pretensão discutir politicamente nenhum projeto ou decisão no processo de licenciamento ambiental, mas sim elucidar diferentes maneiras de realizar o processo de AIA no âmbito do licenciamento nas esferas federal e estadual, destacando a flexibilidade dessa avaliação.

Ao final de cada capítulo teórico são propostos exercícios para a fixação dos tópicos e um exercício para reflexão. Além disso, propomos sugestão de trabalho para o professor, como forma de incitar a pesquisa, o debate e a busca de informações e soluções para problemas e questões relevantes sobre os temas. As respostas aos exercícios de fixação são apresentadas ao final do livro.

Conceitos básicos

17

Conteúdos do capítulo

- Aspecto e impacto ambiental.
- Classificação dos impactos ambientais.
- Risco ambiental.
- Classificação de riscos.
- Avaliação de impactos ambientais.

Após o estudo deste capítulo, você será capaz de:

1. diferenciar e identificar ações, aspectos, impactos, perigos e riscos;
2. compreender as diferentes classificações dos impactos e riscos;
3. entender o que é uma avaliação de impactos ambientais.

Os projetos de atividades classificadas como potencialmente poluidoras devem passar por um processo chamado de *avaliação ambiental*. Você sabe o que significa fazer a avaliação ambiental de um projeto?

Imagine que você seja o engenheiro responsável pelo projeto de uma nova refinaria de petróleo. Desde a fase inicial, deve se preocupar com a obtenção das licenças ambientais. Após executar todas as etapas de caracterização técnica desse projeto, você precisará conseguir as licenças ambientais necessárias (as chamadas *licença prévia, licença de instalação* e *licença de operação*), solicitando-as ao órgão ambiental competente. Falaremos um pouco mais sobre isso no Capítulo 2 ao tratarmos de licenciamento ambiental.

Por ora, queremos definir o que tem de ser feito para se obter uma licença ambiental. Para grande parte das atividades e empreendimentos, é preciso um estudo de impacto ambiental (EIA), cujo conteúdo principal é a avaliação ambiental.

Conceitua-se aqui avaliação ambiental como um processo que visa incorporar um dado conjunto de valores ambientais à tomada de decisão, seja na construção de um empreendimento, seja em seu processo de planejamento. É importante destacarmos que um processo de decisão deve ser entendido como qualquer iniciativa que compreenda desde a concepção de políticas, planos, programas e projetos até as etapas de aprovação administrativa e execução.

Então, para realizarmos a avaliação ambiental é necessário primeiramente identificarmos os impactos ambientais da atividade ou do projeto a ser avaliado. Com isso, deparamo-nos com outra questão: O que é impacto ambiental? Vamos à definição!

1.1 Impacto ambiental

De acordo com Bolea (1984), impacto ambiental é a diferença entre a situação do meio ambiente futuro modificado pela realização de um projeto e a do meio ambiente futuro sem esse projeto. Similarmente, a International Association for Impact Assessment (Iaia, 2009) define impacto ambiental como a diferença entre o que aconteceria com a implantação de um projeto ou a execução de uma ação e o que aconteceria sem tal implantação. A Iaia (2009) ainda esclarece que o conceito *ambiental* evoluiu ao longo do tempo, alterando o foco antes estritamente biológico e físico para outro mais abrangente, o qual inclui componentes físico-químicos, biológicos, visuais, culturais e socioeconômicos do meio ambiente como um todo.

Sánchez (2008), por sua vez, define impacto ambiental como a alteração no meio (na qualidade ambiental que modifica, consequentemente, os processos naturais ou sociais) provocada pela ação humana. A norma ISO 14001 (ABNT, 2004) define o termo como "qualquer modificação do meio ambiente, adversa ou benéfica, que resulte, no todo ou em parte, das atividades, produtos ou serviços de uma organização".

Já de acordo com a Resolução Conama n. 1, de 23 de janeiro de 1986 (Brasil, 1986a), que estudaremos detalhadamente ao longo da obra, impacto ambiental tem realmente uma definição mais ampla, sendo visto como

> qualquer alteração das propriedades físicas, químicas e biológicas do meio ambiente, causada por qualquer forma de matéria ou energia resultante das atividades humanas que, direta ou indiretamente, afetem:

I - A saúde, a segurança e o bem-estar da população;
II - As atividades sociais e econômicas;
III - A biota;
IV - As condições estéticas e sanitárias do meio ambiente;
V - A qualidade dos recursos ambientais. (Brasil, 1986a)

Realmente a definição de impacto ambiental não é simples, ainda mais quando inserida em um contexto de estudo ambiental, em que é necessário identificar a ação causadora do impacto. Muitas vezes há uma confusão entre os conceitos de *ação*, *aspecto* e *impacto*. Sánchez (2008) esclarece que as ações são as causas e os impactos, as consequências. Já os processos ou mecanismos pelos quais as consequências ocorrem são chamados de *aspectos*. A norma ISO 14001 (ABNT, 2004) também define aspecto como o "elemento das atividades, produtos ou serviços de uma organização que pode interagir com o meio ambiente".

Para facilitar, vamos dar um exemplo simples: em um projeto de uma nova rodovia em uma área de floresta, a construção da estrada seria a ação, a supressão vegetal seria o aspecto e os impactos seriam as alterações nas taxas erosivas ou no escoamento superficial. Vamos a outro exemplo? Em um projeto de uma nova usina de geração de energia térmica, a geração de energia seria a ação, a emissão de particulados seria o aspecto e a alteração da qualidade do ar seria um dos impactos.

Existem ainda várias maneiras de classificar os impactos ambientais. De acordo com a Deliberação Ceca n. 1.078, de 25 de junho de 1987 (Rio de Janeiro, 1987), e Gracioli (2005), os impactos podem ser tipificados como:

a. **impacto positivo ou benéfico**, quando a ação resulta na melhoria da qualidade de um fator ou parâmetro ambiental;

b. **impacto negativo ou adverso**, quando a ação resulta em um dano à qualidade de um fator ou parâmetro ambiental;

c. **impacto direto**, resultante de uma simples relação de causa e efeito;

d. **impacto indireto**, resultante de uma ação secundária relativa à ação ou quando é parte de uma cadeia de reações;

e. **impacto local**, quando a ação afeta apenas o próprio sítio e suas imediações;

f. **impacto regional**, quando o impacto se faz sentir além das imediações do sítio onde se dá a ação;

g. **impacto estratégico**, quando o componente ambiental afetado apresenta interesse coletivo ou nacional;

h. **impacto imediato**, quando o efeito surge no instante em que se dá a ação;

i. **impacto a médio ou longo prazo**, quando o impacto se manifesta certo tempo após a ação;

j. **impacto temporário**, quando seus efeitos têm duração determinada;

k. **impacto permanente**, quando, uma vez executada a ação, os efeitos não param de se manifestar num horizonte temporal conhecido;

- **impacto cíclico**, quando se manifesta em intervalos de tempo determinados;

- **impacto reversível**, quando o fator ou parâmetro ambiental afetado, cessada a ação, retorna às suas condições originais.

O Ministério do Meio Ambiente (Brasil, 2009b) propõe uma classificação parecida, porém mais completa, dos impactos ambientais:

- **Quanto à natureza/adversidade** – Indica quando o impacto tem efeitos benéficos/positivos (POS) ou adversos/negativos (NEG) sobre o meio ambiente. Exemplos: aumento da arrecadação de impostos, alteração da qualidade do ar.

- **Quanto à forma** – Mostra como se manifesta o impacto, ou seja, se é direto (DIR), decorrente de uma ação do empreendimento, ou se é indireto (IND), resultado de um ou mais impactos gerados direta ou indiretamente. Exemplos: alteração da qualidade da água, doenças na população causadas pelo consumo de água contaminada.

- **Quanto à duração** – Divide os impactos em permanentes (PER) e temporários (TEM), ou seja, aqueles cujos efeitos manifestam-se indefinidamente ou durante um período de tempo determinado. Exemplos: contribuição para o efeito estufa ou para precipitações ácidas.

- **Quanto à temporalidade** – Diferencia os impactos segundo os que se manifestam imediatamente após a ação impactante (CP – curto prazo) e aqueles cujos efeitos só se fazem sentir após um período de tempo em relação à sua causa (LP – longo prazo). Exemplos: ruído, mudança no microclima local.

- **Quanto à reversibilidade** – Classifica os impactos segundo a manifestação de seus efeitos, que podem ser irreversíveis (IRR) ou reversíveis (REV), e permite identificar quais impactos poderão ser integralmente evitados e quais poderão apenas ser mitigados ou compensados. Exemplos: ruído, modificação de regimes de rios.

- **Quanto à abrangência** – Indica os impactos cujos efeitos se fazem sentir localmente (LOC) ou que podem afetar áreas geográficas mais abrangentes (REG). Exemplos: alteração da qualidade do ar, contribuição para o efeito estufa.

- **Quanto à cumulatividade** – Derivado da soma de vários impactos ou de cadeias de impacto que se somam, ou seja, gerado por empreendimentos isolados, porém contíguos, num mesmo sistema ambiental. Exemplo: várias plataformas de petróleo em uma mesma bacia sedimentar.

- **Quanto à sinergia** – Fenômeno no qual o efeito obtido pela ação combinada de dois impactos diferentes é maior do que a soma dos efeitos individuais. Exemplo: lançamento de diferentes poluentes num mesmo corpo d'água.

- **Quanto à magnitude** – Refere-se ao grau de incidência de um impacto sobre o fator ambiental (água, solo etc.) em relação ao universo desse fator. Ela pode ser alta (ALT), média (MED), baixa (BAI) ou irrelevante (IR), segundo a intensidade de transformação da situação preexistente do fator ambiental impactado. A magnitude de um impacto é, portanto, tratada exclusivamente em relação ao fator ambiental em questão, independentemente de afetar outros fatores ambientais. Podem ser estabelecidos diferentes critérios comparativos para definir a magnitude dos impactos. Veremos exemplos quando estudarmos as diferentes metodologias de avaliação de impactos ambientais (AIA).

- **Quanto à importância** – Refere-se ao significado de um impacto para a sociedade e à sua importância em relação aos demais impactos. Ela pode ser alta (ALT), média (MED) ou baixa (BAI), conforme o valor intrínseco atribuído pela sociedade ao fator impactado. Aqui, novamente, podem ser estabelecidos diferentes critérios comparativos para definir a importância dos impactos.

- **Quanto à probabilidade de ocorrência** – A probabilidade de um impacto será alta (ALT) se a ocorrência for certa e constante ao longo de toda a atividade, média (MED) se for intermitente, e baixa (BAI) se for improvável.

- **Quanto à significância** – É classificada em quatro graus, de acordo com a combinação dos níveis de magnitude, importância e probabilidade; ou seja, não significativo (NS), pouco significativo (PS), significativo (S) e muito significativo (MS).

A classificação dos impactos é importante porque permite avaliar a dimensão dos aspectos geradores dos impactos, os próprios impactos gerados pelo empreendimento, a eficácia das medidas mitigadoras e a formulação de indicadores de monitoramento dos impactos. Esses pontos marcam o que chamaremos aqui de *cadeia do impacto* – ou seja, para cada aspecto gerador temos um impacto ambiental que pode ser controlado, mitigado ou, ainda, compensado. Os planos e programas de gestão ambiental definem como será o monitoramento da eficácia dessas medidas (de controle, mitigação ou compensação), o qual usualmente é feito com base no estabelecimento de indicadores apropriados. Todos esses elos da cadeia do impacto são parte importante no processo de licenciamento ambiental que explicaremos mais adiante.

1.2 Risco ambiental

Vamos agora identificar a diferença entre impactos ambientais e riscos ambientais, conceitos que por vezes são confundidos e apresentados de forma equivocada nos estudos ambientais. Conforme mencionamos, os impactos ambientais potenciais estão associados a construção, operação e descomissionamento normais – isto é, sem ocorrência de eventos acidentais. Já os riscos ambientais potenciais relacionam-se a eventos acidentais na construção, operação e descomissionamento das atividades ou empreendimentos.

Da mesma forma que buscamos definir os impactos, conceituaremos uma cadeia de risco. Para tanto, elucidaremos as noções de *perigo*, *salvaguarda* e *dano ambiental*. Perigo é uma circunstância potencial capaz de acarretar algum tipo de perda, dano ou prejuízo ambiental, material ou humano. Salvaguardas são as ações ou medidas que objetivam evitar a consumação desses perigos. O risco expressa a probabilidade esperada de ocorrência dos efeitos (danos ambientais, perdas ou prejuízos humanos ou financeiros) advindos da consumação de um perigo e é definido formalmente pela fórmula a seguir:

Risco = frequência × severidade da consequência

A frequência é expressa em eventos/ano, ocorrências/mês etc. Já a severidade das consequências é demonstrada em fatalidade/evento, lesões/acidente, ecossistemas afetados/evento etc.

Assim como os impactos, a frequência e a severidade da consequência do evento também podem ser classificadas em diferentes categorias não numéricas, como apresentado nos quadros 1.1 e 1.2.

Quadro 1.1 – Exemplo de frequências não numéricas

Frequência		
Categoria	Denominação	Descrição
A	Extremamente remota	Ocorrência possível, mas muito improvável de ocorrer.
B	Remota	Ocorrência não esperada.
C	Improvável	Ocorrência pouco provável ao longo da vida útil do processo/instalação.
D	Provável	Pelo menos uma ocorrência é esperada.
E	Frequente	Várias ocorrências são esperadas.

Fonte: Adaptado de Lima, 2003.

Quadro 1.2 – Exemplo de severidades não numéricas

Severidade		
Categoria	Denominação	Descrição
I	Desprezível	Sem danos ou com danos insignificantes aos equipamentos, à propriedade e ao meio ambiente. Sem lesões à força de trabalho ou à população externa à instalação.
II	Marginal	Danos leves aos equipamentos, a propriedades e ao meio ambiente. Lesões leves à força de trabalho ou causadas à população.

(continua)

(Quadro 1.2 – conclusão)

Severidade		
Categoria	Denominação	Descrição
III	Crítica	Danos severos com lesões de gravidade moderada à força de trabalho ou à população externa. Exige ações corretivas imediatas.
IV	Catastrófica	Danos irreparáveis. Morte ou lesões graves.

Fonte: Adaptado de Lima, 2003.

1.3 Avaliação de impactos ambientais (AIA)

Agora que já vimos os conceitos básicos relativos a impactos e riscos ambientais, podemos avançar para a definição de avaliação de impactos ambientais (AIA). De acordo com Bolea (1984), essa avaliação é definida como um processo de identificação, previsão, interpretação e prevenção das consequências ou efeitos de algum plano, programa ou ação no meio ambiente (natural e social), que também inclui considerações sobre alternativas do projeto, pressupondo a participação pública.

Trata-se de um instrumento de ajuda à decisão e à concepção de projetos e à negociação entre atores sociais e de gestão ambiental, pois, com base nele, é possível definir medidas mitigadoras e compensatórias, além de programas de monitoramento para acompanhar a evolução dos impactos.

A AIA tem, então, um caráter prévio, diferentemente da avaliação de danos ambientais, que é feita apenas posteriormente à ocorrência de um dano. Por essa razão, deve ser sempre realizada durante a concepção de um projeto, a fim de que haja ainda tempo hábil para alterações que visem minimizar os impactos identificados.

A AIA foi formalizada pela National Environmental Policy Act (Nepa), política nacional de meio ambiente dos Estados Unidos da América que data de 1969. Nela, encontramos a declaração detalhada sobre o impacto ambiental das iniciativas do governo federal americano. De acordo com Munn, citado por Sánchez (2008, p. 39), autor pioneiro e reconhecido na área de avaliação de impactos ambientais, a AIA é uma "atividade que visa identificar, prever, interpretar e comunicar informações sobre as consequências de uma determinada ação sobre a saúde e o bem-estar humanos".

Já a International Association of Impact Assessment (IAIA) define AIA como

> o processo de identificar, prever, avaliar, e mitigar os efeitos relevantes de ordem biofísica, social ou outros de projetos ou atividades antes que decisões importantes sejam tomadas. (IAIA, citado por Sánchez, 2008, p. 39)

É importante diferenciarmos os significados de instrumento e processo de AIA. O primeiro é utilizado quando se deseja prever e avaliar os impactos significativos de um projeto ou atividade proposta; normalmente, é parte integrante de um EIA. Usando o instrumento de AIA, identificam-se e classificam-se os impactos do projeto ou atividade quanto à sua magnitude, abrangência etc.

Já o processo de AIA envolve a realização de diversas etapas anteriores e posteriores ao uso do

---

Em português, "Lei Nacional de meio Ambiente".

Em português, "Associação Internacional de Impactos Ambientais.

O processo de AIA é discutido mais detalhadamente no Capítulo 3, no qual apresentaremos exemplos de como é definido pelo arcabouço legal brasileiro.

instrumento. Por exemplo, no processo de AIA, antes do uso do instrumento de avaliação de impactos, realiza-se a caracterização da região de estudo: diagnóstico ambiental e socioeconômico, situação institucional local e regional etc.; após a identificação e a avaliação dos impactos, podem ser elaborados programas de acompanhamento dos efeitos ambientais durante a implementação do projeto em questão (Bursztyn,1994), incluindo a definição de indicadores para auxiliar o monitoramento. O processo de AIA é discutido mais detalhadamente no Capítulo 3, no qual apresentaremos exemplos de como é definido pelo arcabouço legal brasileiro.

Assim, podemos identificar uma natureza dual na AIA, uma vez que apresenta abordagens metodológicas específicas (Iaia, 2009):

1. AIA como instrumento de análise das consequências de uma intervenção planejada (política, plano, programa, projeto), fornecendo informações importantes aos atores sociais e tomadores de decisão, ou como instrumento de análise de eventos não planejados, como desastres naturais e conflitos.

2. AIA como procedimento legal e institucional ligado ao processo de tomada de decisão de uma intervenção planejada.

De acordo com Bursztyn (1994) e IAIA (2009), a AIA é útil por:

- servir como instrumento de consideração dos aspectos ambientais no planejamento de projetos;

- sintetizar os fatores ambientais mais importantes a serem considerados no processo decisório;

- promover transparência e possibilitar a participação da população em todo o processo;

- fornecer subsídios ao processo de tomada de decisão;

- identificar procedimentos e métodos de monitoramento e mitigação das consequências adversas de intervenções planejadas (em políticas, planos, programas ou projetos);

- contribuir para o desenvolvimento sustentável.

Pelas diferentes definições, vemos que ao longo do tempo a AIA foi evoluindo como instrumento: seu uso foi ampliado, passando a ser utilizada na análise dos aspectos físicos, biológicos e sociais, o que permitiu maior aderência aos processos de tomada de decisão. Consequentemente, os métodos de AIA também evoluíram com o tempo.

Seguindo o movimento internacional, a AIA foi eleita como ferramenta principal na análise de projetos sujeitos ao licenciamento ambiental no Brasil. De forma resumida, podemos dizer que a Lei n. 6.938, de 31 de agosto de 1981 (Brasil, 1981), que estabeleceu Política Nacional de Meio Ambiente, define a AIA e o licenciamento ambiental de atividades do país que sejam efetivamente ou potencialmente poluidoras como instrumentos importantes. Já a Resolução Conama n. 1, de 23 de janeiro de 1986 (Brasil, 1986a), estabelece a necessidade de realização de EIAs (que devem prever as consequências ambientais resultantes do desenvolvimento de um projeto), indicando como realizar a AIA. Há ainda a Resolução Conama n. 237, de 19 de dezembro de 1997 (Brasil, 1997), que revê o sistema de licenciamento ambiental. Vamos estudar detalhadamente esse arcabouço jurídico e suas implicações na área de meio ambiente? No próximo capítulo, ao tratarmos sobre licenciamento ambiental.

> No Capítulo 4, apresentaremos os métodos mais usuais de AIA e alguns exemplos práticos para que você tenha em mãos uma gama de possibilidades de modo que possa escolher o método mais adequado de acordo com a atividade ou empreendimento que estiver sendo analisado.

Síntese

Neste capítulo, apresentamos os conceitos de aspecto, impacto ambiental e avaliação de impactos ambientais, bem como os de perigo e risco. Discorremos também as classificações dos impactos ambientais e dos riscos. A seguir, esses conceitos são apresentados de forma sintética.

- **Aspecto ambiental**: elemento das atividades, produtos ou serviços de uma organização que pode interagir com o meio ambiente.

- **Impacto ambiental**: alteração das propriedades físicas, químicas e biológicas do meio ambiente causada por qualquer forma de matéria ou energia resultante das atividades humanas que, direta ou indiretamente, afetem:

    - a saúde, a segurança e o bem-estar da população;
    - as atividades sociais e econômicas;
    - a biota;
    - as condições estéticas e sanitárias do meio ambiente;
    - a qualidade dos recursos ambientais.

- **Avaliação de impactos ambientais**: processo de identificação, previsão, interpretação e prevenção das consequências ou efeitos de alguma ação, plano ou programa relacionado ao meio ambiente (natural e social), incluindo considerações sobre alternativas do projeto; pressupõe a participação pública.

- **Perigo**: circunstância potencial capaz de acarretar algum tipo de perda, dano ou prejuízo ambiental, material ou humano.

- **Risco**: expressa a probabilidade esperada de ocorrência dos efeitos (danos, perdas ou prejuízos) advindos da consumação de um perigo.

- **Classificações dos impactos ambientais**: diversas classificações podem ser dadas aos impactos ambientais, quanto à natureza/adversidade, forma, duração, temporalidade, reversibilidade, abrangência, cumulatividade, sinergia, magnitude, importância, probabilidade de ocorrência e significância.

- **Classificações dos riscos ambientais**: quanto à frequência de ocorrência, pode ser extremamente remota, remota, improvável, provável ou frequente; quanto à severidade das consequências, pode ser desprezível, marginal, crítica ou catastrófica.

Questões para revisão

1. Como podemos definir o conceito de *impacto ambiental*?

2. Diferencie *impacto ambiental* de *risco ambiental*.

3. Por que é importante realizar a AIA de um novo empreendimento considerado potencialmente poluidor? Assinale a alternativa correta:
   a) Porque no momento da concepção de um novo empreendimento a AIA pode ser um instrumento de ajuda à decisão e à concepção do projeto e à negociação entre atores sociais e de gestão ambiental.

b) Porque com base na AIA é possível definir medidas mitigadoras e compensatórias e programas de monitoramento para acompanhar a evolução dos impactos.

c) Para garantir que o Ministério Público não possa intervir no processo de licenciamento ambiental.

d) As alternativas a e b estão corretas.

e) As alternativas a e c estão corretas.

4. Assinale a alternativa correta para completar a frase a seguir: A AIA é um instrumento útil para...

a) elencar os aspectos ambientais no planejamento de projetos e realizar um exercício de síntese dos fatores ambientais mais importantes a serem levados em conta no processo decisório.

b) promover a transparência e possibilitar a participação da população em todo o processo, fornecendo subsídios para a tomada de decisão.

c) identificar procedimentos e métodos de monitoramento e mitigação das consequências adversas de intervenções planejadas (em políticas, planos, programas ou projetos).

d) contribuir para o desenvolvimento sustentável.

e) Todas as alternativas anteriores.

5. Classifique as afirmativas a seguir como verdadeiras (V) ou falsas (F):

( ) Risco e impacto ambiental são duas formas diferentes de explicitar os efeitos causados por um plano, programa ou projeto ao meio ambiente e à população.

( ) A AIA pretende apenas identificar os impactos de determinado projeto.

( ) Diversas são as formas de classificação dos impactos ambientais – por exemplo, podem ser verificadas questões relativas a duração, temporalidade, reversibilidade, abrangência, cumulatividade, sinergia e magnitude.

Questões para reflexão

Acesse o *site* do Instituto Brasileiro do Meio Ambiente e dos Recursos Naturais Renováveis – Ibama (http://www.ibama.gov.br/licenciamento) na parte de consultas de estudos ambientais. Selecione um EIA ou um relatório de impacto ambiental (Rima) para estudar e responder às perguntas a seguir.

1. Qual é a atividade impactante descrita no EIA/Rima?
2. Quais são os impactos ambientais decorrentes da construção do empreendimento destacados como negativos e relacionados aos meios físico, biótico e antrópico?
3. Como esses impactos foram classificados, considerando sua natureza, reversibilidade, abrangência e importância?
4. Pesquise as repercussões do empreendimento na mídia após a liberação do licenciamento ambiental (por exemplo, reivindicações de tribos indígenas e do Ministério Público).

Sugestão para o professor

Divida a turma em grupos e proponha que cada um estude um Rima disponível no *site* do Ibama e apresente, para o caso estudado, as respostas às questões para reflexão propostas.

Para saber mais

Consulte o *site* do Ibama e procure, na aba "Licenciamento Ambiental", diferentes estudos de impactos ambientais disponibilizados para consulta. Lá você encontrará as diferentes definições e classificações dadas aos impactos e riscos ambientais.

IBAMA – Instituto Brasileiro do Meio Ambiente e dos Recursos Naturais Renováveis. Licenciamento ambiental federal. Disponível em : <http://www.ibama.gov.br/licenciamentos>. Acesso em: 25 nov. 2014.

Política e legislação do processo de avaliação de impacto ambiental

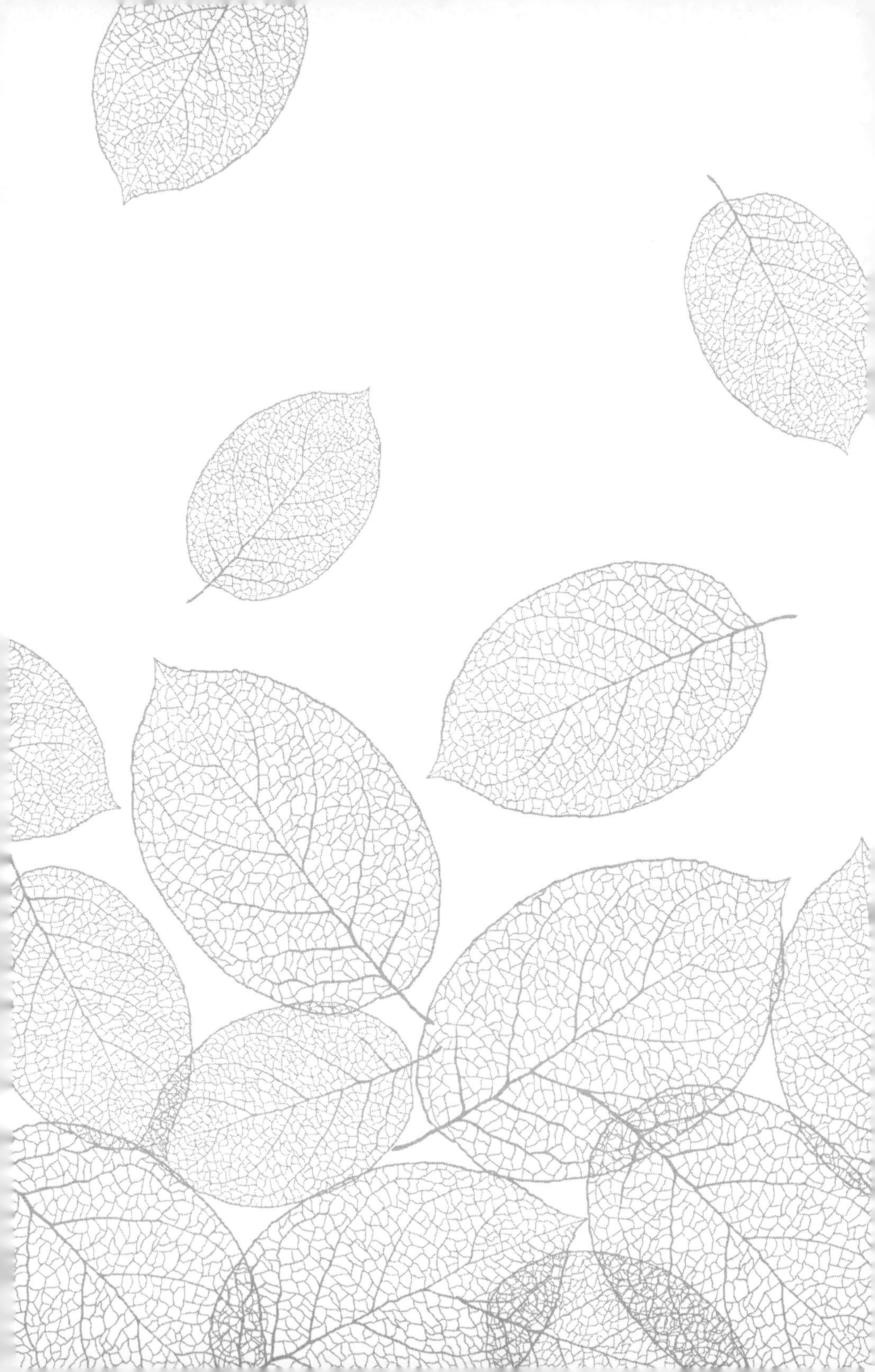

Conteúdos do capítulo

- Política e legislação do processo de avaliação de impacto ambiental.
- Processo e etapas do licenciamento ambiental.
- Prazos de licenças.
- Papel de cada órgão no licenciamento.

Após o estudo deste capítulo, você será capaz de:

1. compreender o processo de licenciamento ambiental no Brasil;
2. identificar quais são os órgãos ambientais responsáveis pelo licenciamento de diferentes atividades/empreendimentos;
3. reconhecer os aspectos positivos e as dificuldades do processo de licenciamento ambiental.

Certamente você já ouviu falar sobre o licenciamento ambiental de grandes projetos. O assunto é recorrente na mídia e sempre envolve alguma polêmica acerca de grandes empreendimentos, como plataformas de petróleo, usinas hidrelétricas e rodovias. Mas não só os grandes projetos estão sujeitos ao processo de licenciamento ambiental. De acordo com a Lei n. 6.938, de 31 de agosto de 1981 (Brasil, 1981), que estabeleceu a Política Nacional do Meio Ambiente (PNMA), o empreendedor tem a obrigação de buscar no órgão ambiental competente a autorização ambiental – ou seja, o licenciamento ambiental – para a construção, a instalação, a ampliação e o funcionamento de estabelecimentos e atividades utilizadores de recursos ambientais, efetiva ou potencialmente poluidores ou capazes, sob qualquer forma, de causar degradação ambiental.

Mais adiante, ao apresentarmos a Resolução Conama n. 237, de 19 de dezembro de 1997 (Brasil, 1997), que regulamenta aspectos do licenciamento ambiental não definidos na PNMA, definiremos quais são as atividades efetivas ou potencialmente poluidoras. Por enquanto, destacaremos outros aspectos importantes da PNMA.

2.1 Política Nacional do Meio Ambiente (PNMA)

Além de introduzir a obrigatoriedade do licenciamento ambiental em nível nacional, a PNMA também instituiu outros importantes instrumentos e medidas, listados a seguir:

- o estabelecimento de padrões de qualidade ambiental;
- o zoneamento ambiental;
- a avaliação de impactos ambientais (AIA);
- incentivos à produção e à instalação de equipamentos e à criação ou à absorção de tecnologia voltada para a melhoria da qualidade ambiental;
- a criação de espaços territoriais especialmente protegidos pelo Poder Público federal, estadual e municipal, tais como áreas de proteção ambiental de relevante interesse ecológico e reservas extrativistas;
- o Sistema Nacional de Informações sobre o Meio Ambiente (Sinima);
- o cadastro técnico federal de atividades e instrumentos de defesa ambiental (CTF/Aida);
- penalidades disciplinares ou compensatórias ao não cumprimento das medidas necessárias à preservação ou correção da degradação ambiental;
- a instituição do relatório de qualidade do meio ambiente, divulgado anualmente pelo Instituto Brasileiro do Meio Ambiente e dos Recursos Naturais Renováveis (Ibama);

- a garantia da prestação de informações relativas ao meio ambiente, obrigando-se o Poder Público a produzi-las, quando inexistentes;

- o cadastro técnico federal de atividades potencialmente poluidoras e/ou utilizadoras dos recursos ambientais (CTF/APP);

- instrumentos econômicos, como concessão florestal, servidão ambiental e seguro ambiental.

> Para saber mais sobre cada instrumento da PNMA, acesse: IBAMA – Instituto Brasileiro do Meio Ambiene e dos Recursos Naturais Renováveis. Disponível em: <http://www.ibama.gov.br>. Acesso em: 25 nov. 2014.

A lei é considerada um marco para o país, pois foi a primeira em âmbito federal a abordar o meio ambiente de forma ampla, incluindo diversos aspectos e várias formas de degradação ambiental, não estritamente a chamada *poluição ambiental* causada por atividades industriais ou pelo uso de recursos naturais (Braga et al., 2004). Assim, a PNMA traz importantes definições, que serão utilizadas ao longo de todo este livro. Os conceitos-chave são apresentados no Quadro 2.1.

Quadro 2.1 – Conceitos-chave apresentados na PNMA

Meio ambiente – Conjunto de condições, leis, influências e interações de ordem física, química e biológica, que permite, abriga e rege a vida em todas as suas formas.
Degradação da qualidade ambiental – Alteração adversa das características do meio ambiente.

(continua)

(Quadro 2.1 – conclusão)

Poluição – Degradação da qualidade ambiental resultante de atividades que direta ou indiretamente:
a. prejudiquem a saúde, a segurança e o bem-estar da população;
b. criem condições adversas às atividades sociais e econômicas;
c. afetem desfavoravelmente a biota;
d. afetem as condições estéticas ou sanitárias do meio ambiente;
e. lancem matérias ou energia em desacordo com os padrões ambientais estabelecidos.

Poluidor – Pessoa física ou jurídica, de direito público ou privado, responsável direta ou indiretamente por atividade causadora de degradação ambiental.

Recursos ambientais – A atmosfera, as águas interiores, superficiais e subterrâneas, os estuários, o mar territorial, o solo, o subsolo, os elementos da biosfera, a fauna e a flora.

Fonte: Adaptado de Brasil, 1981.

Em um primeiro momento, o Quadro 2.1 pode parecer e mera exposição de conceitos; no entanto, essas definições são de extrema importância, pois pautam os direitos e responsabilidades do poluidor, dos órgãos públicos fiscalizadores e da população. Porém, certamente, tais noções não são um consenso na comunidade científica. Alguns autores – Sánchez (2008), por exemplo –, consideram o conceito de *poluição* definido pela PNMA demasiadamente amplo e subjetivo quando o igualam à noção de *degradação ambiental*, que não necessariamente é causada pela emissão de poluentes, o que dificulta o estabelecimento de padrões ambientais associados às emissões.

Retomemos então a Lei n. 6.938/1981. Além dos instrumentos dessa política, outros pontos importantes são o objetivo e os princípios.

A PNMA tem por finalidade a preservação, melhoria e recuperação da qualidade ambiental propícia à vida, visando assegurar, no país, condições relativas ao desenvolvimento socioeconômico, aos interesses da segurança nacional e à proteção da dignidade da vida humana. Para tanto, norteia-se pelos seguintes princípios:

- ação governamental na manutenção do equilíbrio ecológico, considerando o meio ambiente como um patrimônio público a ser necessariamente assegurado e protegido, tendo em vista o uso coletivo;
- racionalização do uso do solo, do subsolo, da água e do ar;
- planejamento e fiscalização do uso dos recursos ambientais;
- proteção dos ecossistemas, com a preservação de áreas representativas;
- controle e zoneamento das atividades potencial ou efetivamente poluidoras;
- incentivos ao estudo e à pesquisa de tecnologias orientadas para o uso racional e a proteção dos recursos ambientais;
- acompanhamento do estado da qualidade ambiental;
- recuperação de áreas degradadas;
- proteção de áreas ameaçadas de degradação;
- educação ambiental para todos os níveis de ensino, inclusive a educação da comunidade, objetivando capacitá-la para a participação ativa na defesa do meio ambiente.

2.2 Sistema Nacional do Meio Ambiente (Sisnama)

Para garantir o atendimento aos princípios por meio do uso dos instrumentos mencionados anteriormente, a PNMA inovou ao criar uma estrutura articulada de órgãos governamentais nos três níveis de governo, estabelecendo legalmente o Sistema Nacional do Meio Ambiente (Sisnama). Constituído pelos órgãos e entidades da União, dos estados, do Distrito Federal e dos municípios e pelas fundações instituídas pelo Poder Público, responsáveis pela proteção e melhoria da qualidade ambiental, o Sisnama apresenta a seguinte estrutura (Brasil, 2014c):

- Órgão superior – Conselho de Governo;

- Órgão consultivo e deliberativo – Conselho Nacional do Meio Ambiente (Conama);

- Órgão central – Ministério do Meio Ambiente (MMA);

- Órgãos executores – Ibama e Instituto Chico Mendes de Conservação da Biodiversidade (ICMBio);

- Órgãos seccionais – Órgãos ou entidades estaduais responsáveis pela execução de programas e projetos e pelo controle e fiscalização de atividades capazes de provocar a degradação ambiental – no Estado do Rio de Janeiro, por exemplo, é o Instituto Estadual do Ambiente (Inea);

- Órgãos locais – Órgãos ou entidades municipais, responsáveis pelo controle e fiscalização dessas atividades nas respectivas jurisdições – no município do Rio de Janeiro, por exemplo, é a Secretaria Municipal de Meio Ambiente (Smac).

> "O objetivo do Sisnama é qestabelecer um conjunto articulado e descentralizado de ações para a gestão ambiental no País, integrando e harmonizando regras e práticas específicas que se complementam nos três níveis de governo." (Brasil, 2014c).

De acordo com o MMA (Brasil, 2014c),

> A atuação do SISNAMA se dará mediante articulação coordenada dos Órgãos e entidades que o constituem, observado o acesso da opinião pública às informações relativas às agressões ao meio ambiente e às ações de proteção ambiental, na forma estabelecida pelo CONAMA.
>
> Cabe aos Estados, ao Distrito Federal e aos Municípios a regionalização das medidas emanadas do SISNAMA, elaborando normas e padrões supletivos e complementares.
>
> Os Órgãos Seccionais prestarão informações sobre os seus planos de ação e programas em execução, consubstanciadas em relatórios anuais, que serão consolidados pelo Ministério do Meio Ambiente, em um relatório anual sobre a situação do meio ambiente no País, a ser publicado e submetido à consideração do CONAMA, em sua segunda reunião do ano subsequente.

Essa descrição da estrutura do Sisnama evidencia que a preservação, a conservação, a defesa, a recuperação e a melhoria do meio ambiente são deveres não apenas da União, dos estados e municípios, mas também da população, que tem um papel importante em todo o processo. Ao introduzir no Conama a participação da população (ainda que de forma restrita), oferecer ao público o direito de ser informado sobre os impactos dos projetos por meio de um relatório simplificado (relatório de impacto ambiental – Rima) e legitimar o Ministério Público para propor ações de responsabilidade civil e criminal por danos causados ao meio ambiente (Sánchez, 2008), a PNMA e seus decretos regulamentadores – Decreto n. 88.351, de 10 de junho de 1983 (Brasil, 1983), e Decreto n. 99.274, de 6 de junho de 1990 (Brasil, 1990a), criam mecanismos importantes de participação popular, com direitos e também deveres. Quando explicitarmos melhor o papel das audiências ambientais no processo de licenciamento, você será interado sobre o assunto de forma mais concreta.

Vamos agora conhecer um pouco mais sobre a estrutura e os objetivos de cada órgão do Sisnama, principalmente no que tange a seu papel no licenciamento ambiental. Para tanto, começaremos pelo órgão central, o MMA.

2.2.1 Ministério do Meio Ambiente (MMA)

Criado em 1992, por transformação da Secretaria de Meio Ambiente da Presidência da República, e reestruturado em 1995, o MMA tem por áreas de competência os seguintes assuntos, conforme a Lei nº 10.683, de 28 de maio de 2003 (Brasil, 2003):

I. Política nacional do meio ambiente e dos recursos hídricos;
II. Política de preservação, conservação e utilização sustentável de ecossistemas, e biodiversidade e florestas;
III. Proposição de estratégias, mecanismos e instrumentos econômicos e sociais para a melhoria da qualidade ambiental e o uso sustentável dos recursos naturais;
IV. Políticas para a integração do meio ambiente e produção;

v. Políticas e programas ambientais para a Amazônia Legal; e
vi. Zoneamento ecológico-econômico.

O MMA é órgão central do Sisnama, e sua estrutura, conforme o Decreto n. 6.101, de 26 de abril de 2007 (Brasil, 2007a), é composta:

- por órgãos de assistência direta e imediata ao ministro de Estado (Gabinete, Secretaria-Executiva, Assessoria de Assuntos Internacionais e Consultoria Jurídica);

- por órgãos específicos singulares (Secretaria de Mudanças Climáticas e Qualidade Ambiental, Secretaria de Biodiversidade e Florestas, Secretaria de Recursos Hídricos e Ambiente Urbano, Secretaria de Extrativismo e Desenvolvimento Rural Sustentável, Secretaria de Articulação Institucional e Cidadania Ambiental);

- por órgãos colegiados (Conama, Conselho Nacional da Amazônia Legal – Conamaz, Conselho Nacional de Recursos Hídricos – CNRH, Conselho Deliberativo do Fundo Nacional do Meio Ambiente, Conselho de Gestão do Patrimônio Genético – CGEN, Comissão de Gestão de Florestas Públicas e Comissão Nacional de Florestas – Conaflor);

- pelo Serviço Florestal Brasileiro (SFB);

- pelas entidades vinculadas (autarquias como a Agência Nacional de Águas – ANA, Ibama, ICMBio, Instituto de Pesquisas Jardim Botânico do Rio de Janeiro e a empresa pública Companhia de Desenvolvimento de Barcarena – Codebar).

No contexto do licenciamento ambiental, o MMA tem o objetivo de harmonizar, regulamentar e definir padrões, critérios e procedimentos para o licenciamento, elaborando subsídios com vistas à formulação de políticas e normas voltadas ao planejamento e à gestão ambiental.

2.2.2 Conselho Nacional do Meio Ambiente (Conama)

O Conama é o órgão consultivo e deliberativo do Sisnama, presidido pelo ministro do meio ambiente e com secretaria-executiva exercida pelo secretário-executivo do MMA. O conselho é um colegiado representativo de cinco setores: órgãos federais, estaduais e municipais, setor empresarial e sociedade civil.

No âmbito do processo de licenciamento ambiental, o Conama é o responsável pelo estabelecimento das normas e critérios a serem seguidos pela União, pelos estados, pelo Distrito Federal e pelos municípios por ocasião da concessão de licenças ambientais. Ele tem competência também para determinar a realização de estudos alternativos e de possíveis consequências ambientais a projetos públicos ou privados, requisitando aos órgãos federais, estaduais e municipais, bem como às entidades privadas, informações notadamente indispensáveis à apreciação de estudos de impacto ambiental (EIAs) e seus respectivos relatórios.

> Conheceremos melhor a Resolução n.1/1986 no Capítulo 3, referente aos estudos de avaliação de impactos ambientais.

De forma mais ampla, o Conama tem ainda como competências:

- estabelecer normas, critérios e padrões relativos ao controle e à manutenção da qualidade do meio ambiente;

- estabelecer sistemática de monitoramento, avaliação e cumprimento das normas ambientais;

- avaliar regularmente a implementação e a execução da política e das normas ambientais do país, estabelecendo sistemas de indicadores;

- promover a integração dos órgãos colegiados de meio ambiente;

- elaborar, aprovar e acompanhar a implementação da Agenda Nacional do Meio Ambiente a ser proposta aos órgãos e às entidades do Sisnama sob a forma de recomendação;

- deliberar, sob a forma de resoluções, proposições, recomendações e moções, visando ao cumprimento dos objetivos da PNMA;

- outras funções descritas detalhadamente no Decreto n. 99.274/1990, que regulamentou a PNMA.

Após a efetiva implantação do Conama em 1984, foi aprovada em 1986 uma das principais deliberações do Conselho: a Resolução Conama n. 1, de 23 de janeiro de 1986 (Brasil, 1986a). Ela regulamentou os procedimentos para execução dos EIAs e do relatório de impacto ambiental (Rima), condicionantes do processo de licenciamento ambiental (Brasil, 2002). Conheceremos melhor a Resolução n. 1/1986 no Capítulo 3, referente aos estudos de avaliação de impactos ambientais. Já a Resolução Conama n. 237/1997 trouxe novas contribuições ao processo de licenciamento. Mais adiante detalharemos essas importantes resoluções.

2.2.3 Instituto Brasileiro do Meio Ambiente e dos Recursos Naturais Renováveis (Ibama)

Apesar da menção na PNMA, apenas em 1989 foi promulgada a Lei n. 7.735, de 22 de fevereiro de 1989 (Brasil, 1989a), que criou o Ibama, órgão executor do Sisnama.

Conforme a Lei n. 11.516, de 28 de agosto de 2007 (Brasil, 2007b), o Ibama

> Tem como principais atribuições exercer o poder de polícia ambiental; executar ações das políticas nacionais de meio ambiente, referentes às atribuições federais, relativas ao licenciamento ambiental, ao controle da qualidade ambiental, à autorização de uso dos recursos naturais e à fiscalização, monitoramento e controle ambiental; e executar as ações supletivas de competência da União de conformidade com a legislação ambiental vigente.
>
> Para o desempenho de suas funções, o Ibama poderá atuar em articulação com os órgãos e entidades da administração pública federal, direta e indireta, dos Estados, do Distrito Federal e dos Municípios integrantes do Sisnama e com a sociedade civil organizada, para a consecução de seus objetivos, em consonância com as diretrizes da política nacional de meio ambiente.

Assim acontece com o licenciamento ambiental, que é uma obrigação legal compartilhada pelos órgãos estaduais e municipais de meio ambiente e pelo Ibama, partes integrantes do Sisnama. O Ibama atua, principalmente, no licenciamento de grandes projetos de infraestrutura que envolvam impactos em mais de um estado e nas atividades do setor de petróleo e gás na plataforma continental (Ibama, 2014).

2.3 Licenciamento ambiental

A Resolução Conama n. 237/1997 dispõe sobre a revisão e a complementação dos procedimentos e critérios utilizados para o licenciamento ambiental, regulamentando os aspectos estabelecidos na PNMA. Quatro definições-chave são apresentadas, conforme Quadro 2.2 a seguir.

Quadro 2.2 – Definições-chave da Resolução Conama n. 237/1997

Licenciamento ambiental – Procedimento administrativo pelo qual o órgão ambiental competente licencia a localização, instalação, ampliação e operação de empreendimentos e atividades utilizadoras de recursos ambientais, consideradas efetiva ou potencialmente poluidoras ou daquelas que, sob qualquer forma, possam causar degradação ambiental, considerando as disposições legais e regulamentares e as normas técnicas aplicáveis ao caso.

Licença ambiental – Ato administrativo pelo qual o órgão ambiental competente estabelece as condições, restrições e medidas de controle ambiental que deverão ser obedecidas pelo empreendedor, pessoa física ou jurídica, para localizar, instalar, ampliar e operar empreendimentos ou atividades utilizadoras dos recursos ambientais consideradas efetiva ou potencialmente poluidoras ou aquelas que, sob qualquer forma, possam causar degradação ambiental.

(continua)

(Quadro 2.2 – conclusão)

Estudos ambientais – São todos e quaisquer estudos relativos aos aspectos ambientais relacionados à localização, instalação, operação e ampliação de uma atividade ou empreendimento, apresentados como subsídio para a análise da licença requerida, tais como: relatório ambiental, plano e projeto de controle ambiental, relatório ambiental preliminar, diagnóstico ambiental, plano de manejo, plano de recuperação de área degradada e análise preliminar de risco.

Impacto ambiental regional – É todo e qualquer impacto ambiental que afete diretamente (área de influência direta do projeto), no todo ou em parte, o território de dois ou mais estados.

Fonte: Adaptado de Brasil, 1997.

Essa resolução também apresenta complementações importantes em relação à Resolução Conama n. 1/1986, como a descrição do processo de licenciamento (etapas, licenças e estudos necessários) e as diferentes competências da União, estados e municípios no processo. Ainda, de forma complementar, é apresentada em seu Anexo 1 uma listagem de atividades sujeitas ao licenciamento ambiental.

Vamos começar então pela descrição das diferentes licenças exigidas pelo Poder Público (Ibama, órgão ambiental estadual ou municipal) ao longo do processo de licenciamento ambiental. Basicamente existem três tipos: a licença prévia (LP), a licença de instalação (LI) e a licença de operação (LO). As licenças ambientais poderão ser expedidas isolada ou sucessivamente, de acordo com a natureza, as características e a fase do empreendimento ou atividade.

A primeira licença, LP, deve ser concedida ainda na fase preliminar do planejamento do empreendimento ou atividade, aprovando sua localização e concepção, atestando a viabilidade ambiental e estabelecendo requisitos básicos e condicionantes a serem atendidos nas próximas fases de implementação.

Posteriormente é solicitada a **LI**, que autoriza a instalação do empreendimento ou atividade, de acordo com as especificações constantes dos planos, programas e projetos aprovados, incluindo as medidas de controle ambiental e demais condicionantes, da qual constituem motivo determinante.

Por último, temos a **LO**, que autoriza a operação da atividade ou empreendimento, após a verificação do efetivo cumprimento do que consta das licenças anteriores, com as medidas de controle ambiental e condicionantes determinados para a operação.

Cabe mencionar que o Conama definirá, quando necessário, licenças ambientais específicas, observadas a natureza, as características e as peculiaridades da atividade ou empreendimento e, ainda, a compatibilização do processo de licenciamento com as etapas de planejamento, implantação e operação.

O Quadro 2.3 resume as diferenças básicas dos três tipos de licenças mencionados anteriormente.

Quadro 2.3 – Diferenças de autorizações das licenças ambientais

Objeto da licença	LP	LI	LO
	Autoriza:		
Empreendimentos diversos	o início do planejamento	o início das obras de construção para o estabelecimento das instalações e da infraestrutura	o funcionamento do objeto da obra (prédios, pontes, barragens, portos, estradas etc.)
Atividades ou serviços	o início do planejamento	o início das obras de construção necessárias para o estabelecimento da atividade ou serviço	o início da operação da atividade ou serviço

Fonte: Elaborado com base em TCU, 2007.

2.3.1 Etapas necessárias ao licenciamento ambiental

Uma vez que já nos inteiramos das licenças, vamos então às etapas necessárias ao licenciamento ambiental. De acordo com a Resolução Conama n. 237/1997, o procedimento de licenciamento ambiental obedecerá às etapas apresentadas na Figura 2.1.

Figura 2.1 – Etapas do licenciamento ambiental

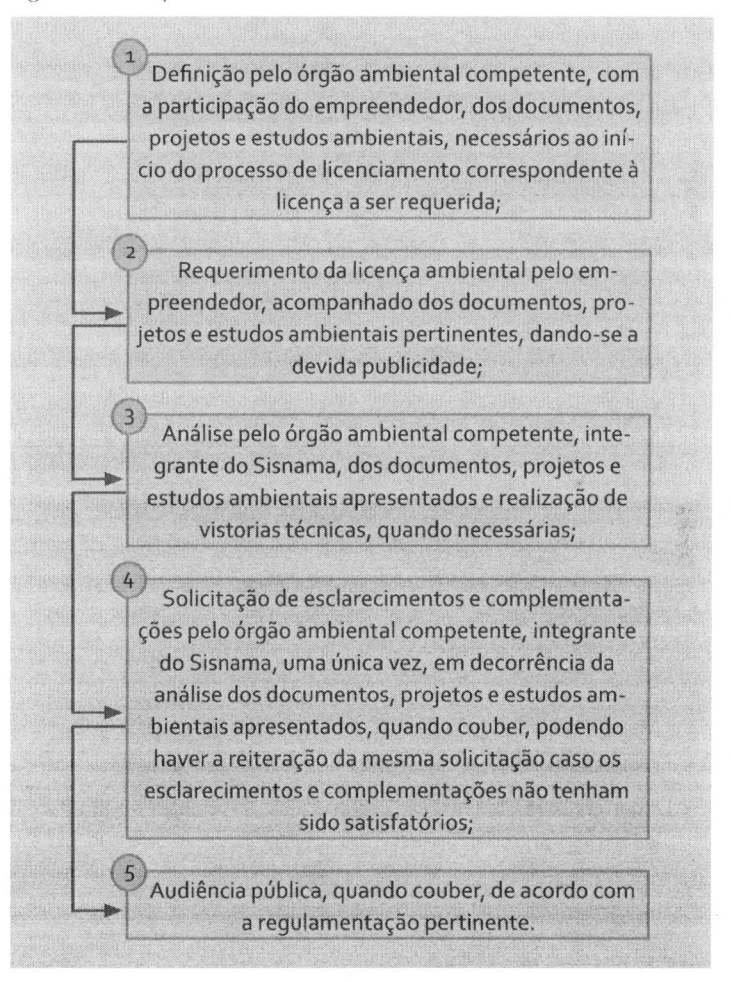

1. Definição pelo órgão ambiental competente, com a participação do empreendedor, dos documentos, projetos e estudos ambientais, necessários ao início do processo de licenciamento correspondente à licença a ser requerida;

2. Requerimento da licença ambiental pelo empreendedor, acompanhado dos documentos, projetos e estudos ambientais pertinentes, dando-se a devida publicidade;

3. Análise pelo órgão ambiental competente, integrante do Sisnama, dos documentos, projetos e estudos ambientais apresentados e realização de vistorias técnicas, quando necessárias;

4. Solicitação de esclarecimentos e complementações pelo órgão ambiental competente, integrante do Sisnama, uma única vez, em decorrência da análise dos documentos, projetos e estudos ambientais apresentados, quando couber, podendo haver a reiteração da mesma solicitação caso os esclarecimentos e complementações não tenham sido satisfatórios;

5. Audiência pública, quando couber, de acordo com a regulamentação pertinente.

Fonte: Elaborado com base em Brasil, 1997.

Explicando de forma mais resumida, podemos dizer que o licenciamento ambiental consiste no encadeamento de atos que se desenvolvem progressivamente em três fases: deflagratória (na qual o interessado requer a licença); instrutória (em que são realizadas coletas de elementos que irão subsidiar a decisão administrativa); e decisória (em que é deferida ou não a licença) (TCU, 2007).

Como podemos observar na Figura 2.1, o processo de licenciamento ambiental não é simples e nem expedito. Mas será que é necessário tudo isso para pequenos empreendimentos? A resposta é: não necessariamente. De acordo com a Resolução Conama n. 237/1997, poderá ser admitido um único processo de licenciamento ambiental para pequenos empreendimentos e atividades similares e vizinhas ou para aqueles que integram planos de desenvolvimento aprovados previamente pelo órgão governamental competente, desde que definida a responsabilidade legal pelo conjunto de empreendimentos ou atividades.

Assim, existe certa flexibilidade nesse processo visando a sua simplificação em alguns casos. A própria resolução em questão dispõe sobre isso em outros momentos do texto, por exemplo, quando menciona, no art. 12, parágrafo 1º, que

> Poderão ser estabelecidos procedimentos simplificados para as atividades e empreendimentos de pequeno potencial de impacto ambiental, que deverão ser aprovados pelos respectivos Conselhos de Meio Ambiente, ou quando afirma que deverão ser estabelecidos critérios para agilizar e simplificar os procedimentos de licenciamento ambiental das atividades e empreendimentos que implementem planos e programas voluntários de gestão ambiental,

visando à melhoria contínua e [a]o aprimoramento do desempenho ambiental. (Brasil, 1997)

Essa flexibilidade também pode ser observada no sentido oposto, isto é: acontece às vezes uma maior restrição e até mesmo um tempo maior no processo de licenciamento. Por exemplo, para os empreendimentos e atividades sujeitos ao EIA, se verificada a necessidade de nova complementação em decorrência de esclarecimentos já prestados, conforme Figura 2.1, o órgão ambiental competente, mediante decisão motivada e com a participação do empreendedor, poderá formular novo pedido de complementação. Em outro momento, a resolução menciona que, em alguns casos, dependendo do tipo de empreendimento ou atividade, pode ser necessária a apresentação de autorização para supressão de vegetação e outorga para o uso da água, emitidas pelos órgãos competentes.

Então, como ficam os prazos do processo, de maneira geral? Quem os define? Com base em que parâmetros? O art. 18 da Resolução n. 237/1997 define que o órgão ambiental competente deve estabelecer os prazos de validade de cada tipo de licença. Para determinar tais prazos, levam-se em consideração os seguintes aspectos:

- O prazo de validade da LP deverá ser, no mínimo, o estabelecido pelo cronograma de elaboração dos planos, programas e projetos relativos ao empreendimento ou a atividade e não pode ser superior a cinco anos. A LP pode ter o prazo de validade prorrogado, desde que não ultrapasse o prazo máximo de cinco anos.

- O prazo de validade da LI deverá ser, no mínimo, o estabelecido pelo cronograma de instalação do empreendimento ou atividade e não pode ser superior a seis anos. A LI também pode ter o prazo de validade prorrogado, desde que não ultrapasse o prazo máximo de seis anos.

- O prazo de validade da LO deverá considerar os planos de controle ambiental – será de no mínimo quatro anos e de no máximo dez anos. Novamente há flexibilidade, pois o órgão ambiental competente pode estabelecer prazos de validade específicos para a LO de empreendimentos ou atividades que, por sua natureza e peculiaridades, estejam sujeitos a encerramento ou modificação em prazos inferiores. Em relação à renovação da LO de uma atividade ou do empreendimento, o órgão ambiental competente poderá aumentar ou diminuir o prazo de validade após avaliação do desempenho ambiental da atividade ou do empreendimento no período de vigência anterior, respeitados os limites mencionados anteriormente (quatro a dez anos). Há um prazo máximo também para o empreendedor requerer a renovação da LO. Esta deve ser solicitada ao órgão ambiental competente com antecedência mínima de 120 dias da expiração do prazo de validade, fixado na respectiva licença, ficando este automaticamente prorrogado até a manifestação definitiva do órgão ambiental.

O Quadro 2.4 resume os prazos de cada licença, conforme a Resolução Conama n. 237/1997.

Quadro 2.4 – Prazos de validade das licenças ambientais

Prazos de validade das licenças ambientais		
Tipo de licença	Prazo mínimo	Prazo máximo
LP	O estabelecido pelo cronograma do projeto apresentado	Não superior a 5 anos
LI	De acordo com o cronograma de instalação da atividade	Não superior a 6 anos
LO	4 anos	10 anos

Fonte: Adaptado de Brasil, 1997, citado por Firjan, 2004.

Em relação ao órgão licenciador, é importante mencionar que, a partir dessa resolução, os municípios passaram a ter o poder/dever de licenciar os empreendimentos e atividades cujo impacto seja local. Nos termos da Resolução Conama n. 237/1997, a competência legal para licenciar, quando definida em função da abrangência dos impactos diretos que a atividade pode gerar, pode ser: (a) do município, se os impactos diretos forem locais; (b) do estado, se os impactos diretos atingirem dois ou mais municípios; e (c) do Ibama, se os impactos diretos se derem em dois ou mais estados.

Além disso, a competência pode ser definida em razão da localização do empreendimento e da matéria. Algumas atividades, por terem importância estratégica, são licenciadas obrigatoriamente pelo Ibama: (a) aquelas cujos impactos diretos ultrapassem os limites do país; (b) as localizadas ou desenvolvidas conjuntamente no Brasil e em país limítrofe; (c) as localizadas no mar territorial; (d) as localizadas na plataforma continental; (e) as localizadas na zona econômica exclusiva; (f) as localizadas em terras indígenas; (g) as localizadas em unidades de conservação de domínio da União; (h) as que envolvem material radioativo; e (i) os empreendimentos militares (Brasil, 2009b).

O Quadro 2.5 esclarece mais objetivamente as diferenças que acabamos de apresentar.

Quadro 2.5 – Definição do órgão licenciador competente

Abrangência dos impactos diretos	Competência para licenciar
Dois ou mais estados	Ibama
Dois ou mais municípios	Órgão estadual de meio ambiente
Local	Órgão municipal de meio ambiente

Fonte: Brasil, 2009b.

Além da Lei n. 6.938/1981 e das Resoluções Conama n. 1/1986 e n. 237/1997, a Lei Complementar n. 140, de 8 de dezembro de 2011 (Brasil, 2011), também estabelece diretrizes para a execução do licenciamento ambiental e discorre sobre a competência estadual e federal para o licenciamento, tendo como fundamento a localização do empreendimento. Há grande discussão sobre a competência para licenciar e fiscalizar atividades poluidoras – há até mesmo a consideração de que a Resolução Conama n. 237/1997 é inconstitucional. A Lei Complementar n. 140/2011 apresenta esclarecimentos sobre esses aspectos, mas algumas questões ainda persistem.

Nos capítulos finais deste livro, você conhecerá na prática um pouco mais sobre o licenciamento ambiental nos diferentes níveis e poderá, por meio de exemplos práticos, ter uma visão concreta das similaridades e diferenças do processo de acordo com o órgão licenciador.

Síntese

Neste capítulo discutimos algumas questões referentes à legislação do processo de AIA e às etapas do processo de licenciamento ambiental no Brasil, considerando os prazos e o papel de cada órgão. Sinteticamente, podemos salientar que, de acordo com a Lei n. 6.938/1981, que estabeleceu a PNMA, o empreendedor tem a obrigação de buscar no órgão ambiental competente uma autorização ambiental – o chamado *licenciamento ambiental* – para a construção, a instalação, a ampliação e o funcionamento de estabelecimentos e atividades utilizadores de recursos ambientais, efetiva ou potencialmente poluidores ou capazes, sob qualquer forma, de causar degradação ambiental.

Vimos também que o licenciamento ambiental é uma obrigação legal compartilhada pelos órgãos estaduais e municipais de Meio Ambiente e pelo Ibama, partes integrantes do Sisnama. Além disso, elucidamos que, nos termos da Resolução Conama n. 237/1997, a competência legal para licenciar é definida em função da abrangência dos impactos diretos que a atividade pode gerar.

Por fim, salientamos que a mais atual Lei Complementar n. 140/2011 também estabelece diretrizes para a execução do licenciamento ambiental, discorrendo sobre a competência estadual e federal para o licenciamento, tendo como base a localização do empreendimento. No entanto, ainda é grande a discussão sobre a competência para licenciar e fiscalizar atividades poluidoras.

Questões para revisão

1. Defina licenciamento ambiental.
2. Quais são os órgãos ambientais que podem emitir licença ambiental? Quais são os aspectos que indicam ao empreendedor a que órgão ele deve solicitar a licença?

3. Quais as principais licenças ambientais exigidas ao longo do projeto e da implantação de um empreendimento? Assinale a alternativa correta:
   a) LP e LO.
   b) LP, LI e LO.
   c) Licença tripla.
   d) Licença única.
   e) Todas as alternativas anteriores.

4. As condicionantes ambientais podem estar atreladas à obtenção de que licença(s)? Assinale a alternativa correta:
   a) LP, quando é aprovada a localização e concepção do empreendimento, atestando a viabilidade ambiental e estabelecendo os requisitos básicos.
   b) LI, quando o órgão ambiental autoriza a instalação do empreendimento ou atividade de acordo com as especificações constantes dos planos, programas e projetos aprovados, incluindo as medidas de controle ambiental.
   c) LO, quando é autorizada a operação da atividade ou empreendimento, após a verificação do efetivo cumprimento do que consta das licenças anteriores.
   d) Estão corretas apenas alternativas a e c.
   e) Estão corretas apenas as alternativas a, b e c.

5. Classifique as afirmativas a seguir como verdadeiras (V) ou falsas (F):
   ( ) O Ibama é o órgão licenciador responsável por todo e qualquer processo de emissão de licença ambiental no Brasil.
   ( ) Alguns projetos, dependendo do potencial poluidor, podem ficar isentos do licenciamento ambiental.

( ) Existem alguns estudos simplificados que podem ser utilizados no lugar do EIA/RIMA para obtenção da licença ambiental, dependendo do tipo de projeto e de seu potencial poluidor.

( ) O processo clássico de licenciamento ambiental no Brasil é composto por um trio de licenças.

Questões para reflexão

Imagine a seguinte situação fictícia: um grupo de empreendedores responsáveis pelo projeto de um novo *shopping center* na região de Vargem Grande, no município do Rio de Janeiro, contratou uma consultoria de meio ambiente com a finalidade de questionar a negativa da Secretaria Municipal de Urbanismo de licenciar a obra. Foram oferecidas as seguintes informações sobre o terreno:

- Está localizado na zona oeste do Rio de Janeiro, em Vargem Grande, a cinco quilômetros do Parque Estadual da Pedra Branca.

- O Parque Estadual da Pedra Branca é coberto por vegetação típica da Mata Atlântica (cedros, jacarandás, jequitibás e ipês), a qual serve de abrigo a uma generosa fauna composta por jaguatiricas, preguiças-de-coleira, tamanduás-mirins, pacas, tatus, teiús, cuandus, tucanos, jacus e cutias. Além do variado patrimônio natural, dispõe de algumas construções de interesse cultural, como um antigo aqueduto, represas, ruínas de sedes de antigas fazendas e o pórtico e a subsede do Pau-da-Fome, em Jacarepaguá – principal via de acesso à região, com projeto de autoria de José Zanine Caldas. Nas cercanias do parque, encontra-se o Museu Nise da Silveira e, na Colônia Juliano Moreira, há resquícios de Mata Atlântica e área de manguezal, com fauna silvestre.

Com base nessas informações, reflita:
1. O município do Rio de Janeiro tem competência para o licenciamento?
2. Qual o órgão ambiental competente para o processo de licenciamento ambiental?
3. Para o processo de licenciamento é exigido estudo prévio de impacto ambiental? Em caso afirmativo, qual a base legal?
4. Apresentado o estudo prévio de impacto ambiental, o órgão ambiental competente pode negar o pedido de licença ambiental?
5. Qual o papel do município no processo de licenciamento ambiental?

Sugestão para o professor

Divida a turma em grupos e proponha que cada um responda às questões para reflexão propostas. Posteriormente, promova uma discussão com toda a classe, identificando diferentes respostas e estimulando a discussão e a defesa dos diversos pontos de vista dos alunos.

Para saber mais

Para entender melhor a discussão sobre a inconstitucionalidade da Resolução Conama n. 237/1997 e os esclarecimentos apresentados pela Lei Complementar n. 140/2011, pesquise as diferentes visões sobre o licenciamento ambiental no Brasil antes e depois da Lei Complementar. Para tanto, sugerimos as seguintes fontes:

CAVALCANTI, I. S. O. Competência para licenciamento ambiental federal. Disponível em: <http://www.egov.ufsc.br/portal/conteudo/compet%C3%AAncia-para-licenciamento-ambiental-federal>. Acesso em: 29 abr. 2014.

COSTA, S. Licenciamento ambiental no Brasil depois da LC 140/2011. Disponível em: <http://www.infonet.com.br/sandrocosta/ler.asp?id=123245>. Acesso em: 29 abr. 2014.

O IMPACTO. A importância da Lei Complementar n. 140/2011. Disponível em: <http://www.oimpacto.com.br/artigos/janete-goncalves/a-importancia-da-lei-complementar-n%C2%BA-1402011/>. Acesso em: 29 abr. 2014.

3

Estudos de avaliação de impactos ambientais

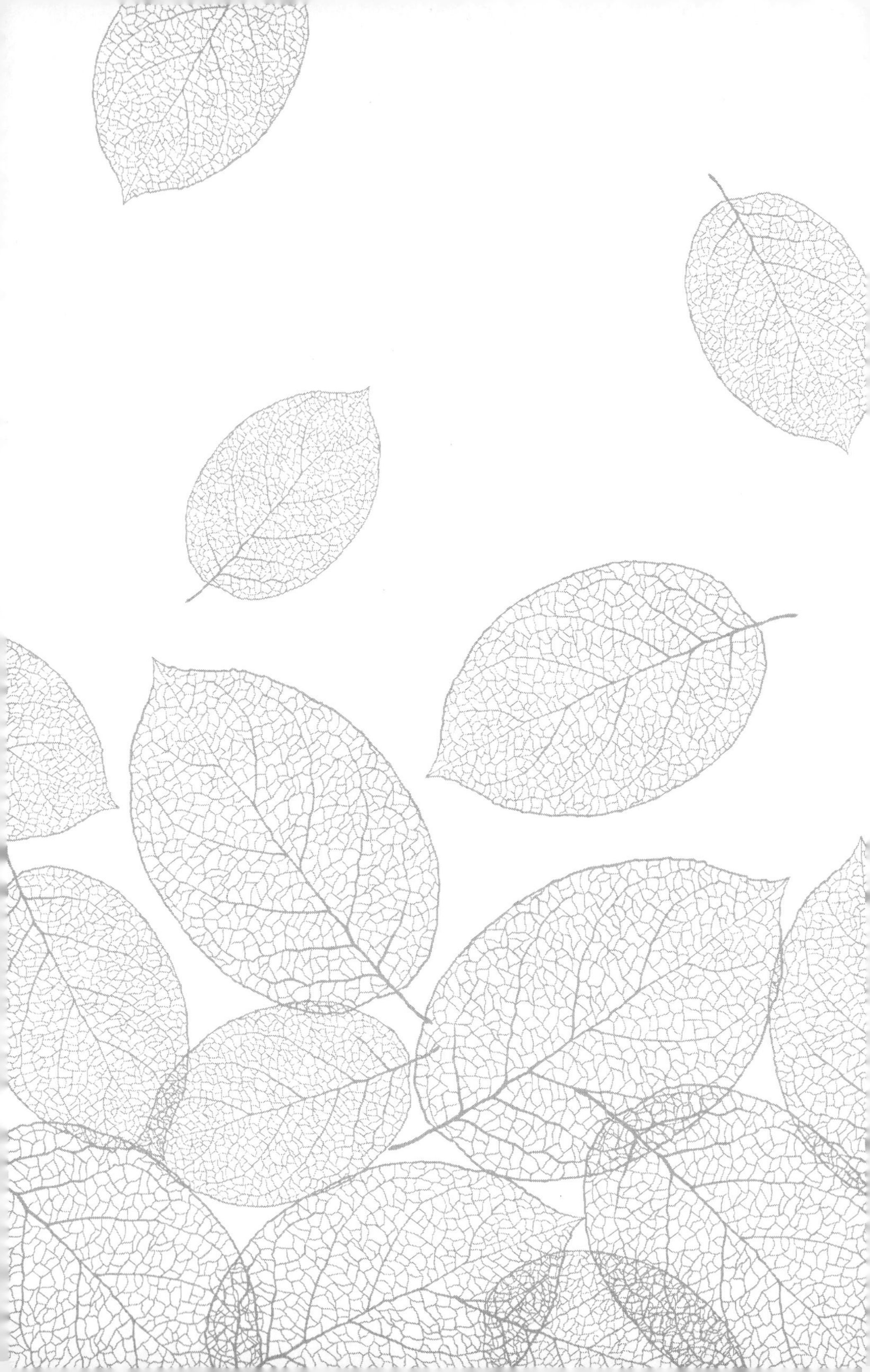

Conteúdos do capítulo

- Evolução da avaliação de impactos ambientais (AIA).
- Etapas do processo de AIA.
- Estudos de impacto ambiental (EIAs) no âmbito do licenciamento ambiental.

Após o estudo deste capítulo você será capaz de:

1. compreender os marcos históricos da AIA;
2. seguir os passos para realização de um estudo de impactos ambientais.

Mencionamos no Capítulo 2 a existência da avaliação de impactos ambientais (AIA) como importante instrumento da Política Nacional do Meio Ambiete (PNMA) e também das Resoluções Conama n. 1, de 23 de janeiro de 1986 (Brasil, 1986a), e n. 237, de 19 de dezembro de 1997 (Brasil, 1997), que disciplinaram a realização e o conteúdo de estudos de impacto ambiental (EIAs) no processo de licenciamento. Neste capítulo detalharemos o conteúdo desses estudos para apresentar o modo como é realizado a AIA. No entanto, para que você compreenda a complexidade e a importância desse instrumento, vamos propor primeiramente um embasamento histórico do surgimento e da evolução da AIA, tanto nacional quanto internacionalmente.

É importante que você tenha ideia da estreita ligação existente entre os instrumentos da PNMA e o contexto histórico da questão ambiental, pois isso lhe permitirá compreender a realidade brasileira, associando-a aos principais eventos internacionais. Como exemplos de marcos internacionais, podemos citar: a primeira Conferência das Nações Unidas sobre o Meio Ambiente Humano, realizada em 1972 em Estocolmo; a publicação do relatório elaborado pelo Massachusetts Institute of Technology (MIT) e pelo Clube de Roma, também em 1972, denominado *Limites do crescimento*; os dois choques do petróleo (1973 e 1979); a crescente mobilização dos movimentos ambientalistas; e o questionamento ao modelo de desenvolvimento praticado principalmente pelo mundo ocidental. Vamos juntos dar início a essa viagem no tempo?

3.1 Histórico da avaliação de impactos ambientais

Começaremos nossa viagem pelo início da década de 1960. Um movimento pioneiro no Brasil, paralelamente ao que ocorria em outros países do mundo, criou a Comissão Intermunicipal de Controle de Poluição das Águas e do Ar (CICPAA), com atuação no ABC paulista. Ao longo dos anos, seu papel foi ampliado em virtude do intenso desenvolvimento industrial local, e diversas normas aprovadas para fiscalizar a contaminação do ar e das águas – altura de chaminés, emissão de fumaças pretas, emissão de composto de enxofre e de partículas sólidas, limites para emissão de despejos (efluentes) em cursos de água e em redes de esgotos, limite máximo de dióxido de enxofre no ar atmosférico, entre outras (Garcia; La Rovere, 2011).

Diversos códigos e leis importantes também foram estabelecidos e editados nacionalmente nessa década, tais como: o Novo Código Florestal Brasileiro (Lei n. 4.771, de 15 de setembro de 1965 – Brasil, 1965 –, atualmente revogada), o Código de Caça (Lei n. 5.197, de 3 de janeiro de 1967 – Brasil, 1967a –, alterada pela Lei n. 7.653, de 12 de fevereiro de 1988 – Brasil, 1988b), o Código de Pesca (Decreto-Lei n. 221, de 28 de fevereiro de 1967 – Brasil, 1967b –, mais tarde alterado pela Lei n. 7.679, de 23 de novembro de 1988 – Brasil, 1988c) e a Lei de Proteção aos Animais (Lei n. 5.197/1967). Em 1967, foi criado um novo órgão federal para implementar e fiscalizar as áreas protegidas, o Instituto Brasileiro de Desenvolvimento Florestal (IBDF), vinculado ao Ministério da Agricultura (Medeiros, 2005; Garcia; La Rovere, 2011).

Foi nessa década, época da chamada sociedade *pós-industrial*, que a preocupação com a conservação ambiental começou a ganhar importância na agenda política internacional. Os acidentes industriais, a crescente degradação ambiental e a poluição dos ecossistemas impulsionaram uma visão mais global do problema ambiental.

Um grande marco da década foi o estabelecimento, em 1968, do Clube de Roma, um pequeno grupo de líderes da academia, indústria, diplomacia e sociedade civil, cuja preocupação era identificar os maiores problemas globais de longo prazo, os quais não poderiam ser resolvidos por governos ou pelo setor privado.

Outro momento importante, ocorrido em 1969, foi o estabelecimento da política ambiental americana, a *National Environmental Policy Act* (Nepa), que serviu de base para diversos países do mundo, inclusive o Brasil. Na França, no Canadá e na Holanda, por exemplo, a AIA foi adotada como procedimento formal, explícito; já na Grã-Bretanha e Alemanha, a AIA se deu por meio de um procedimento incorporado nos sistemas de planejamento já existentes (Bursztyn, 1994).

Na década de 1970, um significativo marco à agenda de meio ambiente foi o relatório *Limites do Crescimento*, elaborado pelo MIT e pelo Clube de Roma, em 1972, que teve enorme repercussão global. Sua principal conclusão foi que, caso as presentes tendências de crescimento da população mundial – industrialização, poluição, produção de comida e uso de recursos naturais – não se alterassem, os limites de crescimento no planeta seriam atingidos em algum ponto nos cem anos seguintes. O resultado mais provável seria um rápido e descontrolado declínio tanto em termos de população como de capacidade industrial (Meadowns et al.,1972).

Nesse mesmo ano, ocorreu o primeiro grande evento mundial de meio ambiente, a primeira Conferência das Nações Unidas sobre Meio Ambiente e Desenvolvimento, realizada em Estocolmo. Ela foi um marco político na conscientização mundial dos problemas ambientais e produziu como principal documento a Declaração de Estocolmo sobre o Ambiente Humano. Como um dos resultados da Conferência, foi criado, pela Assembleia Geral da Organização das Nações Unidas (ONU), o Programa das Nações Unidas para o Meio Ambiente (Pnuma) – em inglês, United Nations Environmental Program (Unep).

Juntamente com a primeira Conferência das Nações Unidas e a publicação do já citado relatório *Limites do Crescimento*, merecem destaque: os dois choques do petróleo (1973 e 1979), a crescente mobilização dos movimentos ambientalistas e o questionamento ao modelo de desenvolvimento praticado, principalmente, pelo mundo ocidental, o qual se revelava injusto socialmente e altamente degradador. A visão de que o planeta e o homem são uma coisa só indicava que era necessário "cuidar do planeta" para que o homem pudesse sobreviver. Os limites já eram percebidos pelos usuários de recursos ambientais. Nesse sentido, a adoção de políticas ambientais se estendeu pela década de 1970 e foi marcada pelo controle dos eventos de poluição.

No Brasil, destaca-se na esfera federal a criação da Secretaria Especial de Meio Ambiente (Sema), em 1973 (Decreto n. 73.030, de 30 de outubro de 1973 –Brasil, 1973a) – posteriormente extinta e absorvida pelo Instituto Brasileiro do Meio Ambiente e dos Recursos Naturais Renováveis (Ibama) em 1989 –, e do Estatuto do Índio (Lei n. 6.001, de 19 de dezembro de 1973 – Brasil, 1973b). Nas esferas estaduais também surgiram órgãos ambientais, como a Companhia de Tecnologia de Saneamento Ambiental do Estado de São Paulo (Cetesb), ligada à Secretaria do Meio Ambiente do governo paulista, em 1973, e a Fundação Estadual de Engenharia do Meio Ambiente (Feema), órgão de controle ambiental da Secretaria de Estado do Ambiente e Desenvolvimento Urbano do Estado do Rio de Janeiro, em 1975, marcando a institucionalização da gestão ambiental no país.

A Cetesb foi criada a partir da transformação da Superintendência de Saneamento Ambiental do Estado de São Paulo (Susam), que, em 1971, já havia incorporado a CICPAA.

No setor elétrico, a questão ambiental também começava a despontar. Desde o final dessa década, os estudos de viabilidade já incorporavam análises de alguns aspectos socioambientais em seus anexos. Esse movimento foi sistematizado e consolidado na década de 1980.

Na área ambiental, os anos de 1980 se destacaram pela consolidação da ótica corretiva nos países em desenvolvimento. Nesse âmbito, principalmente em virtude dos dois choques de petróleo (que tornaram evidente a vulnerabilidade do mundo à escassez de recursos naturais), as políticas ambientais foram direcionadas ao caráter preventivo (Garcia; La Rovere, 2011). Prova disso foi a introdução da AIA como instrumento de caráter preventivo e de suporte à tomada de decisão. Ao longo da década, foram sendo desenvolvidas as primeiras metodologias de AIA; a análise de impactos ambientais passou a ser utilizada como instrumento de auxílio às tomadas de decisão em diversos países. Um exemplo foi a publicação, pela Comunidade Europeia, da Directiva do Conselho 85/337/CEE, de 27 de junho de 1985, que tratava da avaliação dos efeitos de determinados projetos públicos e privados no ambiente.

No Brasil, merecem menção, em termos de regulação, a promulgação da já mencionada PNMA (Lei n. 6.938, de 31 de agosto de 1981 – Brasil, 1981) e a criação do Sistema Nacional do Meio Ambiente (Sisnama). Da mesma forma, a Resolução Conama n. 1, de 23 de janeiro de 1986 (Brasil, 1986), que estabeleceu os requisitos necessários para o licenciamento ambiental de empreendimentos potencialmente poluidores e mostrou a adaptalidade brasileira nesse tipo de ação em consonância com os acontecimentos internacionais da época.

No ano seguinte, em 1987, o Conama elaborou a Resolução n. 6, de 16 de setembro de 1987 (Brasil, 1987b) que dispõe sobre o licenciamento ambiental de obras do setor de geração de energia elétrica e a elaboração dos EIAs. Em 1988, outro marco relevante: a nova Constituição Federal (Brasil, 1988a). Ela destaca a importância do meio ambiente no art. 225, específico sobre o tema. Esse artigo, que se refere especificamente ao meio ambiente ecologicamente equilibrado como um direito de todos, atribui ao Poder Público e à coletividade o dever de defendê-lo e preservá-lo para as presentes e futuras gerações, remetendo ao conceito de *desenvolvimento sustentável* apresentado no Relatório de Brundtland, em 1987. O trecho mencionado é transcrito na seguir.

> Art. 225 – Todos têm direito ao meio ambiente ecologicamente equilibrado, bem de uso comum do povo e essencial à sadia qualidade de vida, impondo-se ao Poder Público e à coletividade o dever de defendê-lo e preservá-lo para as presentes e futuras gerações.
> § 1º – Para assegurar a efetividade desse direito, incumbe ao Poder Público:
> I – preservar e restaurar os processos ecológicos essenciais e prover o manejo ecológico das espécies e ecossistemas;
> II – preservar a diversidade e a integridade do patrimônio genético do País e fiscalizar as entidades dedicadas à pesquisa e manipulação de material genético;
> III – definir, em todas as unidades da Federação, espaços territoriais e seus componentes a serem especialmente protegidos, sendo a alteração e a supressão permitidas somente através de lei, vedada qualquer utilização que comprometa a integridade dos atributos que justifiquem sua proteção;
> IV – exigir, na forma da lei, para instalação de obra ou atividade potencialmente causadora de significativa degradação do meio ambiente, estudo prévio de impacto ambiental, a que se dará publicidade;

V – controlar a produção, a comercialização e o emprego de técnicas, métodos e substâncias que comportem risco para a vida, a qualidade de vida e o meio ambiente;

VI – promover a educação ambiental em todos os níveis de ensino e a conscientização pública para a preservação do meio ambiente;

VII – proteger a fauna e a flora, vedadas, na forma da lei, as práticas que coloquem em risco sua função ecológica, provoquem a extinção de espécies ou submetam os animais à crueldade.

§ 2º – Aquele que explorar recursos minerais fica obrigado a recuperar o meio ambiente degradado, de acordo com solução técnica exigida pelo órgão público competente, na forma da lei.

§ 3º – As condutas e atividades consideradas lesivas ao meio ambiente sujeitarão os infratores, pessoas físicas ou jurídicas, a sanções penais e administrativas, independentemente da obrigação de reparar os danos causados.

§ 4º – A Floresta Amazônica brasileira, a Mata Atlântica, a Serra do Mar, o Pantanal Mato-Grossense e a Zona Costeira são patrimônio nacional, e sua utilização far-se-á, na forma da lei, dentro de condições que assegurem a preservação do meio ambiente, inclusive quanto ao uso dos recursos naturais.

§ 5º – São indisponíveis as terras devolutas ou arrecadadas pelos Estados, por ações discriminatórias, necessárias à proteção dos ecossistemas naturais.

§ 6º – As usinas que operem com reator nuclear deverão ter sua localização definida em lei federal, sem o que não poderão ser instaladas.

Fonte: Adaptado de Brasil, 1988a.

Temos também, em 1989, a criação do Ibama e do Fundo Nacional de Meio Ambiente (FNMA), instrumento auxiliar para operacionalização do Sisnama; ressalta-se também a Resolução Conama n. 6/1987, que especificou diretrizes para o licenciamento ambiental do setor elétrico, e a Resolução Conama n. 10, de 3 de dezembro de 1987 (Brasil, 1988d) – posteriormente revogada pela Resolução Conama n. 2, de 18 de abril de 1996 (Brasil, 1996) –, que determinou a aplicação de no mínimo 0,5% dos custos de empreendimentos de grande porte na implementação e manutenção de estações ecológicas. No final da década, foram ainda alterados os textos da Lei de Proteção à Fauna, instituída em 1967, por meio da Lei n. 7.653/1988 (Brasil, 1988c), e do Código Florestal, pela Lei n. 7.803, de 18 de julho de 1989 (Brasil, 1989b).

Na década de 1990, observou-se uma consolidação da noção de desenvolvimento sustentável, ideia que teve origem na década anterior com a publicação do Relatório Brundtland, intitulado *Nosso futuro comum*, pela Comissão Mundial sobre Meio Ambiente e Desenvolvimento (CMMAD,1991). O princípio básico é a conciliação entre as partes conflitantes – desenvolvimento *versus* conservação do meio ambiente –, em busca de benefícios no presente e de uma salvaguarda para as futuras gerações. Para tal, o segmento ambiental deve estar integrado ao processo de tomada de decisão concernente ao desenvolvimento das sociedades. Essa é a orientação que ainda prevalece até o momento. A ótica é de integração, e a percepção do meio ambiente passa a ser global. A visão é descentralizadora, presumido corresponsabilidade entre os segmentos governamentais, privados e não governamentais.

Os acordos multilaterais de meio ambiente –Convenção do Clima, Agenda 21, Comissão de Desenvolvimento Sustentável (CDS), Convenção sobre Diversidade Biológica (CDB) –, estabelecidos como resultado da Conferência das Nações Unidas sobre o Meio Ambiente e Desenvolvimento, também conhecida como Rio-92, ganharam destaque global e passaram a ser tema de interesse das agendas econômicas e sociais. Os Estados criaram rotinas políticas próprias para lidar com negociações internacionais relativas às questões ambientais, e os acordos passaram a ser avaliados e discutidos no âmbito de acordos internacionais econômicos e comerciais. Pode-se considerar que, internacionalmente, o reconhecimento da AIA se deu de forma completa na Rio-92, o que foi até mesmo explicitado no Princípio 17 da Declaração do Rio sobre Meio ambiente e Desenvolvimento: "A avaliação do impacto ambiental, como instrumento nacional, será efetuada para as atividades planejadas que possam vir a ter um impacto adverso significativo sobre o meio ambiente e estejam sujeitas à decisão de uma autoridade nacional competente." (ONU, 1992).

A variável ambiental começou a ser vista como estratégica, influenciando tomadas de decisão não apenas na instância de projetos, mas também de políticas, planos e programas (PPP). Uma consequência foi a proposta de diretiva de avaliação ambiental estratégica da Comunidade Europeia (1997), cujo objetivo era contribuir para um processo sustentável de desenvolvimento de PPP, possibilitando ampliar a AIA para outras instâncias dos processos decisórios.

A década de 1990 também foi marcada pelo desenvolvimento de instrumentos da chamada *gestão ambiental privada*, com a elaboração da série de normas ISO 14000. Esse período também se caracterizou pela introdução de instrumentos econômicos, como o ICMS Ecológico (ICMS –E) e o Programa Protocolo Verde (documento que trata da inclusão da variável ambiental na concessão de créditos públicos), e pela adoção do princípio do poluidor pagador na gestão de recursos hídricos.

Em termos legais, novos instrumentos se destacam: a lei de crimes ambientais (Lei n. 6.905, de 12 de fevereiro de 1998 – Brasil, 1998), a lei que estabelece o Sistema Nacional de Unidades de Conservação da Natureza – Snuc (Lei n. 9.985, de 18 de julho de 2000 – Brasil, 2000b), o Sistema de Monitoramento Ambiental da Zona Costeira e a Política Nacional de Educação Ambiental, entre outros.

A partir do ano 2000, cresceu a preocupação com as consequências da mudança climática global. Nesse sentido, observou-se a consolidação da avaliação ambiental estratégica (AAE) como instrumento de avaliação ambiental das instâncias políticas, de planos e programas, com aplicações nas mais diversas áreas e setores, contribuindo efetivamente para o desenvolvimento sustentável.

3.2 Processo de avaliação de impactos ambientais

Mencionamos no Capítulo 1, quando definimos a AIA, que há uma diferença entre o instrumento AIA e o processo de AIA. Aqui veremos detalhadamente cada etapa desse processo e, posteriormente, como ele se reflete legalmente na Resolução Conama n. 1/1986, que trata da realização de EIAs no âmbito do licenciamento ambiental no Brasil.

Assim como qualquer outro processo, o AIA é composto por diversas etapas, conforme esquematizado na Figura 3.1.

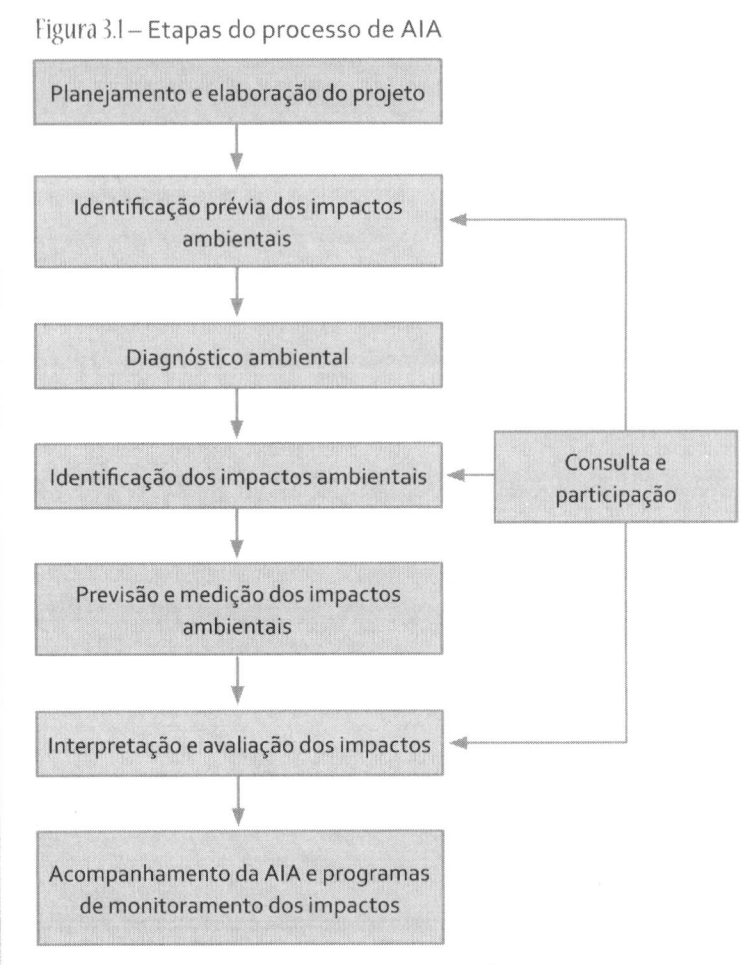

Figura 3.1 – Etapas do processo de AIA

```
┌─────────────────────────────────────────┐
│ Planejamento e elaboração do projeto    │
└─────────────────────────────────────────┘
                    ↓
┌─────────────────────────────────────────┐
│ Identificação prévia dos impactos       │←──────────┐
│ ambientais                              │           │
└─────────────────────────────────────────┘           │
                    ↓                                 │
┌─────────────────────────────────────────┐           │
│ Diagnóstico ambiental                   │           │
└─────────────────────────────────────────┘           │
                    ↓                                 │
┌─────────────────────────────────────────┐   ┌───────────────┐
│ Identificação dos impactos ambientais   │←──│ Consulta e    │
└─────────────────────────────────────────┘   │ participação  │
                    ↓                         └───────────────┘
┌─────────────────────────────────────────┐           │
│ Previsão e medição dos impactos         │           │
│ ambientais                              │           │
└─────────────────────────────────────────┘           │
                    ↓                                 │
┌─────────────────────────────────────────┐           │
│ Interpretação e avaliação dos impactos  │←──────────┘
└─────────────────────────────────────────┘
                    ↓
┌─────────────────────────────────────────┐
│ Acompanhamento da AIA e programas       │
│ de monitoramento dos impactos           │
└─────────────────────────────────────────┘
```

Fonte: Bursztyn, 1994, p. 52.

As etapas do processo de AIA esquematizados na figura podem ser assim definidos:

- **Planejamento e elaboração do projeto** – Etapa em que são definidas as alternativas possíveis – sejam tecnológicas, sejam locacionais –, considerando até mesmo a alternativa de não execução.

- **Identificação prévia dos impactos ambientais** – Etapa que avalia a necessidade ou não de estudo e pesquisa de outras alternativas não consideradas anteriormente por alguma razão. Nessa etapa, a consulta e a participação de atores sociais de diferentes grupos de interesse são muito importantes.

- **Diagnóstico ambiental** – Etapa em que são estudadas as características do local de implantação do projeto, ou seja, os fatores e componentes ambientais sujeitos à intervenção positiva ou negativa, em maior ou menor grau. Pelo diagnóstico, já é possível identificar quais as características mais importantes do local (identificação dos impactos ambientais), as quais devem ser consideradas na continuidade do processo de AIA.

  Cabe lembrar que, quando falamos em impacto ambiental, estamos utilizando a definição mais abrangente, dada pela Resolução Conama n. 1/1986. Ou seja: qualquer alteração das propriedades físicas, químicas e biológicas do meio ambiente causada por qualquer forma de matéria ou energia resultante das atividades humanas que, direta ou indiretamente, afetem a saúde, a segurança e o bem-estar da população, as atividades sociais e econômicas, a biota, as condições estéticas e sanitárias do meio ambiente e a qualidade dos recursos ambientais.

- **Identificação dos impactos ambientais** – Etapa em que é realizada uma espécie de triagem, na qual apenas os impactos considerados significativos (porque alteram características importantes do local, por exemplo) serão avaliados. Esse é um ponto crucial do processo, no qual podem ocorrer "erros" de subestimação ou excessiva consideração dos impactos; por isso, é imperativo o conhecimento e a seleção dos métodos mais adequados para sua identificação, como matrizes e *checklists*. Veremos alguns desses métodos mais à frente. Novamente, nessa etapa, a consulta e a participação de atores sociais de diferentes grupos de interesse são de extrema importância para auxiliar não só na identificação dos impactos mais significativos, sob diferentes visões e perspectivas, mas também na possibilidade de evitar retrabalho futuro e maiores dificuldades em um processo de licenciamento, por exemplo.

- **Previsão e medição dos impactos ambientais** – Etapa em que se classificam os impactos quanto às suas características objetivas, como a magnitude. O ideal é utilizar como método de previsão algum tipo de padrão existente, modelo matemático, dados experimentais de laboratório ou outras informações desse tipo para caracterizar e determinar a magnitude dos impactos identificados.

- **Interpretação e avaliação dos impactos** – Somente nessa etapa é feita a diferenciação entre magnitude e importância dos impactos, bem como a explicitação dos critérios para determinação da importância, utilização da opinião dos atores sociais relevantes e outras formas de consulta e de agregação dos impactos. Pela complexidade dessas tarefas, utiliza-se, normalmente, um conjunto de métodos. A escolha do método deve levar em consideração o número de alternativas consideradas, os critérios de avaliação utilizados, a natureza das análises (qualitativa ou quantitativa), o uso de pesos, a comparação de alternativas e a inclusão ou não de uma análise de incertezas (Bursztyn, 1994). A etapa de avaliação de impactos é de extrema importância para o processo de decisão, uma vez que oferece subsídios importantes.

O esquema apresentado na Figura 3.1 destaca ainda a ==consulta e participação pública==. Considera-se público todos aqueles que não são os proponentes do projeto nem integram a equipe técnica que elaborou o estudo ou que não fazem parte da administração pública (Sánchez, [S.d.]). Pode-se identificar nesse âmbito uma série de grupos, como as populações direta ou indiretamente atingidas pelo projeto e os grupos de interesse específicos.

No Brasil, a Resolução Conama n. 9, de 3 de dezembro de 1987 (Brasil, 1990b), destaca-se no conjunto de normas e procedimentos que regulamentam o processo de licenciamento ambiental como aquela que dispõe sobre a realização de audiências públicas. Apesar de essa resolução estar em processo de revisão, apresentaremos seus principais aspectos logo após o detalhamento da Resolução Conama n. 1/1986, que trata da AIA e da necessidade de realização das audiências no processo de licenciamento ambiental.

- ==Monitoramento da AIA e programas de monitoramento dos impactos== – Última etapa do processo, normalmente o monitoramento é feito por meio de programas ambientais. Tais programas permitem avaliar a evolução dos impactos ambientais identificados e também monitorar a qualidade ambiental do entorno, completando a gestão e a comunicação com as partes interessadas sobre o desempenho do projeto. Nessa etapa, é importante confrontar os dados obtidos antes da implantação e da operação do empreendimento com aqueles identificados após a ocorrência dessas atividades, apontando os impactos reais. A avaliação desses impactos em relação aos padrões (índices de qualidade da água e do ar, por exemplo) também é significativa.

Paralelamente, a tomada de decisão e a escolha de ações adequadas para responderem às questões que surgirem no monitoramento e avaliação do desempenho das atividades completam a gestão ambiental do empreendimento. Por fim, comunicam-se os impactos observados e as ações tomadas para todas as partes interessadas (identificadas previamente no processo de AIA) permitindo constante *feedback* e envolvimento da população no processo e garantindo que ocorra de forma participativa – e não apenas algo pró-forma.

A International Association for Impact Assessment (IAIA, 2009) define alguns princípios norteadores interessantes para monitoramento e acompanhamento do processo de AIA:

- O acompanhamento é essencial para determinar resultados e contribuições do processo de AIA. Sem essa etapa, o processo é incompleto e as consequências da AIA serão desconhecidas; assim, não é possível avaliar a real eficácia da AIA na proteção ambiental.

- A transparência e o acesso à informação na etapa de acompanhamento do processo de AIA são importantes para garantir que todas as partes interessadas tenham um *feedback* adequado acerca das atividades, dos impactos e das ações realizadas. Quanto mais a interação com as partes interessadas focar em real engajamento e ampla participação, e não apenas na comunicação unilateral, melhor para o processo.

- O processo de AIA deve estar comprometido com um constante acompanhamento. Por essa razão, é importante definir programas detalhados para cada aspecto monitorado, com definição de objetivos, métodos, metas, cronograma e equipe.

- O acompanhamento deve ser adequado de acordo com cada projeto e o contexto local, considerando especificidades legais, administrativas, circunstâncias culturais e socioeconômicas.

- O monitoramento deve levar em conta os efeitos cumulativos e ter uma visão para sustentabilidade, ou seja, não deve se ater às consequências apenas do projeto, mas também considerar a interação e a cumulatividade com outros projetos em uma visão mais estratégica e espacial.

- As ações devem guiar o acompanhamento. É importante que haja adaptabilidade para alternar rotas, caso necessário. Não se pode perder tempo com ações que não vão levar a resultados efetivos.

Esses princípios são apenas um ponto de partida e uma provocação para salientar a importância dessa etapa final do processo de AIA, por muitas vezes menosprezada e não considerada com a devida importância. É importante que as pessoas envolvidas conheçam o processo de elaboração de projetos e sua gestão de forma participativa, envolvendo as partes interessadas, a fim de garantir que o monitoramento seja realizado de acordo com a orientação da IAIA.

Não existe uma forma correta para o acompanhamento do processo da AIA, assim como de suas outras etapas. O processo genérico descrito aqui pode e deve ser adaptado a cada realidade, atividade e comunidades envolvidas. O essencial é que as etapas-chave sejam realizadas de forma a garantir que a AIA contribua para a manutenção e a melhoria do ambiente local e regional.

3.3 Resolução Conama n. 1, de 23 de janeiro de 1986

Tal resolução dispõe sobre critérios básicos e diretrizes gerais para a AIA. Publicada no Diário Oficial da União em 17 de fevereiro de 1986, ela foi alterada pela Resolução n. 11, de 18 de março de 1986 (Brasil, 1986b) – alterado o art. 2º – pela Resolução n. 5, de 6 de agosto de 1987 (Brasil, 1987a) acrescentado o inciso XVIII – e pela Resolução n. 237/1997 – revogados os arst. 3º e 7º).

Diversos aspectos-chave são apresentados nessa resolução, como a definição, no art. 10, de impactos ambientais (já mencionada no Capítulo 1 deste livro), de EIAs e de relatórios de impacto ambiental (Rima). No art. 2º são definidas as atividades para as quais o EIA/RIMA é obrigatório durante o processo.

> Artigo 2º – Dependerá de elaboração de impacto ambiental e respectivo relatório de impacto ambiental – Rima, a serem submetidos à adaptação de orgão competente, e do Ibama em caráter seletivo, o licenciamento de atividades modificadoras do meio ambiente, tais como:
> I – Estradas de rodagem com duas ou mais faixas de rolamento;
> II – Ferrovias;

III – Portos e terminais de minério, petróleo e produtos químicos;

IV – Aeroportos;

V – Oleodutos, gasodutos, minerodutos, troncos coletores e emissários de esgotos sanitários;

VI – Linhas de transmissão de energia elétrica acima de 230KV;

VII – Obras hidráulicas para exploração de recursos hídricos, tais como: barragem para fins hidrelétricos, acima de 10MW, de saneamento ou de irrigação, abertura de canais para navegação, drenagem e irrigação, retificação de cursos d'água, abertura de barras e embocaduras, transposição de bacias, diques;

VIII – Extração de combustível fóssil (petróleo, xisto, carvão);

IX – Extração de minério, inclusive os da classe II, definida no Código de Mineração;

X – Aterros sanitários, processamento e destino final de resíduos tóxicos ou perigosos;

XI – Usinas de geração de eletricidade, qualquer que seja a fonte de energia primária, acima de 10MW;

XII – Complexo e unidades industriais e agroindustriais (petroquímicos, siderúrgicos, cloroquímicos, destilarias de álcool, hulha, extração e cultivo de recursos hídricos hidróbios);

XIII – Distritos industriais e Zonas Estritamente Industriais (ZEI);

XIV – Exploração econômica de madeira ou de lenha, em áreas acima de 100 hectares ou menores, quando atingir áreas significativas em termos percentuais ou de importância do ponto de vista ambiental;

XV – Projetos urbanísticos, acima de 100 hectares ou em áreas consideradas de relevante interesse ambiental a critério da SEMA e dos órgãos municipais e estaduais competentes;

> XVI – Qualquer atividade que utilizar carvão vegetal em quantidade superior a dez toneladas por dia;
> XVI – Qualquer atividade que utilizar carvão vegetal, derivados ou produtos similares, em quantidade superior a dez toneladas por dia (nova redação dada pela Resolução n. 11/86);
> XVII – Projetos agropecuários que contemplem áreas acima de mil hectares ou menores – neste caso, quando se tratar de áreas significativas em termos percentuais ou de importância do ponto de vista ambiental; (inclusive áreas de proteção ambiental (inciso acrescentado pela Resolução Conama n. 11);
> XVIII – Empreendimentos potencialmente lesivos. (inciso acrescentado pela Resolução n. 5/87)

Fonte: Brasil, 1986a.

A resolução destaca que o EIA e seu respectivo Rima das atividades sujeitas ao licenciamento federal devem ser submetidos à aprovação do Ibama. Em outros casos, a submissão deve ser feita ao órgão ambiental estadual ou municipal.

Assim, os órgãos ambientais competentes e os órgãos setoriais do Sisnama deverão compatibilizar os processos de licenciamento com as etapas de planejamento e implantação das atividades modificadoras do meio ambiente, respeitando os critérios e diretrizes estabelecidos pela resolução em questão, tendo por base a natureza, o porte e as peculiaridades de cada atividade. Ao determinar a execução do EIA, o órgão estadual competente ou o Ibama – ou, quando couber, o município – fixará as diretrizes adicionais que, pelas peculiaridades do projeto e pelas características ambientais da área, forem julgadas necessárias, incluindo os prazos para conclusão e análise dos estudos.

O art. 5º da Resolução Conama n. 1/1986 determina que o EIA, além de atender à legislação, em especial os princípios e objetivos expressos na Lei de Política Nacional do Meio Ambiente (Brasil, 1981), deve obedecer às seguintes diretrizes gerais:

I. Contemplar todas as alternativas tecnológicas e de localização de projeto, confrontando-as com a hipótese de não execução do projeto;

II. Identificar e avaliar sistematicamente os impactos ambientais gerados nas fases de implantação e operação da atividade;

III. Definir os limites da área geográfica a ser direta ou indiretamente afetada pelos impactos, denominada área de influência do projeto, considerando, em todos os casos, a bacia hidrográfica na qual se localiza;

IV. Considerar os planos e programas governamentais, propostos e em implantação, na área de influência do projeto, e sua compatibilidade. (Brasil, 1986a)

Para tanto, o EIA deve contemplar, no mínimo, algumas atividades técnicas, de acordo com a Resolução Conama n. 1/1986, as quais serão dispostas a seguir.

I. **Diagnóstico ambiental** da área de influência do projeto (completa descrição e análise dos recursos ambientais e suas interações, tal como existem), de modo a caracterizar a situação ambiental da área, antes da implantação do projeto, considerando:

a. **o meio físico** – o subsolo, as águas, o ar e o clima, destacando os recursos minerais, a topografia, os tipos e aptidões do solo, os corpos d'água, o regime hidrológico, as correntes marinhas e as correntes atmosféricas;

b. **o meio biológico e os ecossistemas naturais** – a fauna e a flora, destacando as espécies indicadoras da qualidade ambiental, de valor científico e econômico, raras e ameaçadas de extinção e as áreas de preservação permanente;

c. **o meio socioeconômico** – o uso e a ocupação do solo, os usos da água e a socioeconomia, destacando os sítios e monumentos arqueológicos, históricos e culturais da comunidade, as relações de dependência entre a sociedade local, os recursos ambientais e a potencial utilização futura desses recursos.

II. **Análise dos impactos ambientais** do projeto e de suas alternativas, por meio de identificação, previsão da magnitude e interpretação da importância dos prováveis impactos relevantes, discriminando: os impactos positivos e negativos (benéficos e adversos), diretos e indiretos, imediatos e de médio e longo prazos, temporários e permanentes; o grau de reversibilidade; as propriedades cumulativas e sinérgicas; e a distribuição dos ônus e benefícios sociais.

III. **Definição das medidas mitigadoras** dos impactos negativos, entre elas os equipamentos de controle e os sistemas de tratamento de despejos, avaliando a eficiência de cada uma.

IV. Elaboração do programa de acompanhamento e monitoramento dos impactos positivos e negativos, indicando os fatores e os parâmetros a serem considerados.

Ainda de acordo com a Resolução Conama n. 1/1986, o EIA deve ser realizado por equipe multidisciplinar habilitada, não dependente direta ou indiretamente do proponente do projeto. Todas as despesas e os custos referentes à realização do EIA, tais como coleta e aquisição dos dados e informações, trabalhos e inspeções de campo, análises de laboratório, estudos técnicos e científicos e acompanhamento e monitoramento dos impactos e elaboração do Rima são de responsabilidade do empreendedor (proponente do projeto).

Assim como a resolução define o conteúdo mínimo do EIA, ela estabelece também a estrutura do Rima, que refletirá as conclusões do estudo. A Resolução Conama n. 1/1986 menciona que o Rima deve ser apresentado de forma objetiva e adequada à sua compreensão. As informações devem ser traduzidas em linguagem acessível e ilustradas por mapas, cartas, quadros, gráficos e demais técnicas de comunicação visual, de modo que seja possível entender as vantagens e desvantagens do projeto, bem como todas as consequências ambientais de sua implementação. O Rima deve minimamente conter:

I. objetivos e justificativas do projeto, sua relação e compatibilidade com as políticas setoriais, planos e programas governamentais;

II. descrição do projeto e suas alternativas tecnológicas e locacionais, especificando para cada um deles, nas fases de construção e operação, a área de influência, as matérias-primas, a mão de obra, as fontes de energia, os processos e técnicas operacionais, os prováveis efluentes, as emissões, os resíduos de energia e os empregos diretos e indiretos a serem gerados;

III. **síntese dos resultados dos estudos de diagnóstico ambiental** da área de influência do projeto;

IV. **descrição dos prováveis impactos ambientais** da implantação e operação da atividade, considerando o projeto, suas alternativas, os horizontes de tempo de incidência dos impactos e indicando os métodos, técnicas e critérios adotados para sua identificação, quantificação e interpretação;

V. **caracterização da qualidade ambiental futura** da área de influência, comparando as diferentes situações relacionadas à adoção do projeto e suas alternativas – incluindo a hipótese de sua não realização;

VI. **descrição do efeito esperado das medidas mitigadoras** previstas em relação aos impactos negativos, mencionando aqueles que não puderam ser evitados e o grau de alteração esperado;

VII. **programa de acompanhamento e monitoramento** dos impactos;

VIII. **recomendação quanto à alternativa mais favorável** (conclusões e comentários de ordem geral).

Com esses dados, você já pode ter uma ideia da complexidade de um EIA/Rima e da dificuldade de finalizá-lo, principalmente se considerarmos empreendimentos estratégicos e complexos como plataformas de petróleo, usinas hidrelétricas ou rodovias, conforme já comentamos. E aí vem outra pergunta que você deve estar se fazendo: quanto tempo leva todo esse processo? Ou ainda: como é tratada a questão dos prazos?

Esse é um grande problema, discutido muitas vezes entre órgãos licenciadores e empreendedores. De acordo com a legislação, o órgão estadual competente ou o Ibama – ou, quando couber, o município – terá um prazo para se manifestar de forma conclusiva sobre o Rima e elaborar um termo inicial na data do recebimento, pelo órgão ambiental competente, do EIA e do respectivo Rima. Ao determinar a execução do EIA e a apresentação do Rima, o órgão ambiental competente estabelecerá um prazo para recebimento dos comentários a serem feitos pelos órgãos públicos e demais interessados. Também, sempre que julgar necessário, ele promoverá a realização de audiência pública para informar sobre o projeto, os seus impactos ambientais e o Rima. Os prazos de cada etapa do processo de licenciamento ambiental são definidos na Resolução Conama n. 237/1997, conforme apresentado no capítulo anterior.

Para o caso de empreendimentos potencialmente poluidores, mas cujos impactos ambientais são considerados de pequeno porte, pode ser solicitado o chamado *relatório ambiental simplificado* (RAS), em vez do EIA/Rima. Assim, para empreendimentos com pequeno potencial de impacto ambiental, a Resolução Conama n. 279, de 17 de junho de 2001 (Brasil, 2001), define RAS como

> os estudos relativos aos aspectos ambientais relacionados à localização, [à] instalação, [à] operação e [à] ampliação de uma atividade ou empreendimento, apresentados como subsídio para a concessão da licença prévia requerida, que conterá, dentre [sic] outras, as informações relativas ao diagnóstico

ambiental da região de inserção do empreendimento, sua caracterização, a identificação dos impactos ambientais e das medidas de controle, de mitigação e de compensação.

A resolução também estabelece um processo simplificado para o licenciamento ambiental de empreendimentos com pequeno potencial de impacto ambiental, tais como:

- usinas hidrelétricas e sistemas associados;
- usinas termelétricas e sistemas associados;
- sistemas de transmissão de energia elétrica (linhas de transmissão e subestações);
- usinas eólicas e outras fontes alternativas de energia.

O anexo da resolução contém uma proposta de conteúdo mínimo para elaboração do RAS, conforme Quadro 3.1 a seguir.

Quadro 3.1 – Conteúdo mínimo do RAS

Proposta de conteúdo mínimo para o RAS
A – Descrição do projeto - Objetivos e justificativas em relação e compatibilidade com as políticas setoriais, planos e programas governamentais; - Descrição do projeto e suas alternativas tecnológicas e locacionais, considerando a hipótese de não realização e especificando a área de influência.
B – Diagnóstico e prognóstico ambiental - Diagnóstico ambiental; - Descrição dos prováveis impactos ambientais e socioeconômicos da implantação e operação da atividade, considerando o projeto, suas alternativas e os horizontes de tempo de incidência dos impactos e indicando os métodos, técnicas e critérios para sua identificação, quantificação e interpretação; - Caracterização da qualidade ambiental futura da área de influência, considerando a interação dos diferentes fatores ambientais.

(continua)

(Quadro 3.1 – conclusão)

Proposta de conteúdo mínimo para o RAS
C – Medidas mitigadoras e compensatórias   ▸ Medidas mitigadoras e compensatórias, identificando os impactos que não possam ser evitados;   ▸ Recomendação quanto à alternativa mais favorável;   ▸ Programa de acompanhamento, monitoramento e controle.

Fonte: Adaptado de Brasil, 2001.

Deve-se considerar também a Resolução Conama n. 412, de 13 de maio de 2009 (Brasil, 2009c), que prevê a realização de RAS para novos empreendimentos habitacionais de interesse social, incluindo as atividades de infraestrutura de saneamento básico, viária e energia, sempre com pequeno potencial de impacto ambiental.

Alguns estados e municípios também estabeleceram mecanismos simplificados para o licenciamento ambiental de outras atividades potencialmente poluidoras. O Instituto Estadual do Ambiente (Inea) – órgão ambiental do Estado do Rio de Janeiro –, por exemplo, prevê a realização de RAS para empreendimentos com pequeno potencial de impacto ambiental, de acordo com a Lei n. 1.356, de 3 de outubro de 1988 (Rio de Janeiro, 1988), para alguns casos, como no licenciamento ambiental de:

- barragens e empreendimentos de geração de energia;
- aterros sanitários ou usinas de reciclagem de resíduos sólidos;
- obras ou serviços de dragagem em ambientes costeiros e de drenagem e dragagem de sistemas hídricos interiores;
- ramais de distribuição de gás.

Além disso, o RAS poderá ser utilizado no lugar de um estudo EIA/Rima desde que o Inea conclua, após análise, pela ausência de potencial e significativo dano ambiental.

Já em São Paulo, a Companhia de Tecnologia de Saneamento Ambiental do Estado de São Paulo (Cetesb) prevê a realização do chamado *estudo ambiental simplificado* (EAS) para empreendimentos com impacto ambiental muito pequeno e não significativo. O instrumento está previsto para atividades como:

- aeródromo (pistas de pouso);
- dutovias;
- lazer e recreação (parques temáticos);
- linha de transmissão e subestações;
- obras hidráulicas (canalização, retificação ou barramento de curso d'água para controle de cheias);
- sistema de irrigação e similares;
- rodovia (complexo viário, anel viário);
- sistema de abastecimento de água;
- sistema de esgotos sanitários;
- terminal portuário.

Após a análise do EAS, a Cetesb pode solicitar a complementação das informações, incluindo até a apresentação de relatório ambiental preliminar (RAP) ou mesmo de EIA e Rima. O RAP é requerido no momento da obtenção de licença prévia (LP) para os empreendimentos potencialmente causadores de impactos ambientais. Após a sua análise, o órgão ambiental pode indeferir o pedido de licença em razão de impedimentos legais ou técnicos, deferir o pedido de licença, determinando a adoção de medidas mitigadoras para impactos negativos e estabelecendo as condicionantes para as demais fases do licenciamento, ou exigir a apresentação de EIA e Rima (São Paulo, 2014).

Independentemente do estudo ambiental solicitado e da instância do licenciamento (federal, estadual ou municipal), o órgão ambiental competente deve elaborar o termo de referência que oriente qualquer estudo ambiental. Por meio dele, o empreendedor consegue saber quais as demandas do órgão ambiental no âmbito do processo de licenciamento, facilitando a comunicação e a eficácia do processo, uma vez que nele estão descritas todas as diretrizes, conteúdo e abrangência do estudo exigido do empreendedor. Cabe destacar que existem casos em que o órgão ambiental licenciador solicita que o empreendedor elabore o referido termo, reservando-se apenas o papel de julgá-lo e aprová-lo.

O Quadro 3.2 a seguir apresenta o roteiro básico de termo de referência para estudos ambientais exigidos no licenciamento ambiental.

Quadro 3.2 – Roteiro básico de termo de referência para estudos ambientais

1. Identificação do empreendedor	1.1 Nome ou razão social; número dos registros legais; endereço completo, telefone, fax, nome, CPF, telefone e fax dos representantes legais e pessoas de contato.
2. Caracterização do empreendimento	2.1 Caracterização e análise do projeto, plano ou programa, sob o ponto de vista tecnológico e locacional.

(continua)

(Quadro 3.2 – continuação)

3. Métodos e técnicas utilizados para a realização dos estudos ambientais	3.1 Detalhamento do método e técnicas escolhidos para a condução do estudo ambiental (EIA/Rima, PCA, RCA, EVA, Prad etc.), bem como dos passos metodológicos que levem ao diagnóstico; ao prognóstico; à identificação de recursos tecnológicos para mitigar os impactos negativos e potencializar os impactos positivos; e às medidas de controle e monitoramento dos impactos.
	3.2 Definição das alternativas tecnológicas e locacionais.
4. Definição da área de influência do empreendimento	4.1 Delimitação da área de influência direta do empreendimento, baseando-se na abrangência dos recursos naturais diretamente afetados pelo empreendimento e considerando a bacia hidrográfica onde se localiza. Deverão ser apresentados os critérios ecológicos, sociais e econômicos que determinaram a sua delimitação.
4. Definição da área de influência do empreendimento	4.2 Delimitação da área de influência indireta do empreendimento, ou seja, da área que sofrerá impactos indiretos decorrentes e associados, sob a forma de interferências nas suas inter-relações ecológicas, sociais e econômicas, anteriores ao empreendimento. Deverão ser apresentados os critérios ecológicos, sociais e econômicos utilizados para sua delimitação (a delimitação da área de influência deverá ser feita para cada fator natural – solos, águas superficiais, águas subterrâneas, atmosfera, vegetação/flora – e para os componentes cultural, econômico e sociopolítico da intervenção proposta).

(Quadro 3.2 – continuação)

5. Especialização da análise e da apresentação dos resultados	5.1 Elaboração de base cartográfica referenciada geograficamente, para os registros dos resultados dos estudos, em escala compatível com as características e complexidades da área de influência dos efeitos ambientais.
6. Diagnóstico ambiental da área de influência	6.1 Descrição e análise do meio natural e socioeconômico da área de influência direta e indireta e de suas interações, antes da implantação do empreendimento (entre os aspectos dessa análise devem constar: uma classificação do grau de sensibilidade e vulnerabilidade do meio natural na área de influência; caracterização da qualidade ambiental futura, na hipótese de não realização do empreendimento).
7. Prognóstico dos impactos ambientais do plano ou programa proposto e de suas alternativas	7.1 Identificação e análise dos efeitos ambientais potenciais (positivos e negativos) do projeto, plano ou programa proposto e das possibilidades tecnológicas e econômicas de prevenção, controle, mitigação e reparação de seus efeitos negativos.
	7.2 Identificação e análise dos efeitos ambientais potenciais (positivos e negativos) de cada alternativa ao projeto, plano ou programa e das possibilidades tecnológicas e econômicas de prevenção, controle, mitigação e reparação de seus efeitos negativos.
7. Prognóstico dos impactos ambientais do plano ou programa proposto e de suas alternativas	7.3 Comparação entre o projeto ou programa proposto e cada uma de suas alternativas; escolha da alternativa favorável, com base nos seus efeitos potenciais e nas suas possibilidades de prevenção, controle, mitigação e reparação dos impactos negativos.

(Quadro 3.2 – conclusão)

8. Controle ambiental do empreendimento: alternativas econômicas e tecnológicas para mitigação dos danos potenciais sobre o ambiente	8.1 Avaliação do impacto ambiental da alternativa do projeto, plano ou programa escolhida, por meio da integração dos resultados da análise dos meios físico e biológico com os do meio socioeconômico.
	8.2 Análise e seleção de medidas eficientes, eficazes e efetivas de mitigação ou anulação dos impactos negativos e de potencialização dos impactos positivos, além de medidas compensatórias ou reparatórias (deverão ser considerados os danos potenciais sobre os fatores naturais e sobre os ambientais, econômicos, culturais e sociopolíticos).
	8.3 Elaboração de programas de acompanhamento e monitoramento dos impactos (positivos e negativos), com indicação dos fatores e parâmetros a serem considerados.

Fonte: Ibama, 1995.

Outra etapa importante no processo de AIA (Figura 3.1) é a participação da população antes que seja dada a decisão final de aprovação ou não dos estudos ambientais no âmbito do licenciamento ambiental. Esse momento ocorre após a realização do EIA, com apresentação do Rima e seus resultados em audiências públicas. O item a seguir esclarece um pouco mais essa etapa.

3.4 Resolução Conama n. 9, de 3 de dezembro de 1987

De acordo com o art. 1º da Resolução Conama n. 9/1987, a audiência pública, referida na Constituição Federal (art. 225, parágrafo 1º, inciso IV) e na Resolução Conama n. 1/1986, tem por finalidade expor aos interessados o conteúdo do produto em análise e do seu referido Rima, dirimindo dúvidas e recolhendo dos presentes críticas e sugestões a respeito.

O órgão de meio ambiente deve promover a realização de audiência pública sempre que necessário, quando for solicitado por entidade civil, pelo Ministério Público ou por 50 ou mais cidadãos, a partir da data do recebimento do Rima. No processo, é fixada em edital e anunciada pela imprensa local a abertura do prazo de no mínimo 45 dias para solicitação de audiência pública. Cabe salientar que, no caso de haver solicitação e na hipótese de o órgão estadual não realizá-la, a licença concedida não terá validade. Após esse prazo, a convocação será feita pelo órgão licenciador por meio de correspondência registrada aos solicitantes e de divulgação em órgãos da imprensa local.

A audiência pública deve sempre ocorrer em local acessível às partes interessadas. Dependendo do projeto e de sua complexidade, bem como das distâncias geográficas dos diferentes grupos de interesse, é possível estabelecer a realização de mais de uma para tratar do detalhamento e da explicação do projeto, conforme descrito no Rima.

Outro ponto relevante destacado na Resolução Conama n. 9/1987 é que a audiência pública é sempre dirigida pelo representante do órgão licenciador e organizada em duas partes principais: a exposição objetiva do projeto e do seu respectivo Rima e as discussões com os interessados presentes visando esclarecer possíveis dúvidas e agregar ao processo a opinião e o conhecimento daqueles que residem na região.

Dando continuidade ao processo de licenciamento ambiental, a Resolução Conama n. 9/1987 menciona ainda que a ata da(s) audiência(s) pública(s) e seus anexos servirão de base, juntamente com o Rima, para a análise e o parecer final do licenciador quanto à aprovação ou não do projeto. Os apontamentos apresentados pela população podem até levar o empreendedor a rever algumas questões e a elaborar estudos complementares, melhorando a gestão ambiental da atividade.

Podemos concluir que as audiências públicas realizadas no âmbito do licenciamento ambiental são um importante instrumento de inclusão da sociedade nas discussões prévias, anteriores à tomada de decisão final, ainda na análise da viabilidade ambiental, antes da ocorrência de qualquer tipo de dano.

Apesar disso, a margem de manobra real para tomada de decisão nessa fase (projeto) é bastante pequena. Alguns afirmam que elas são apenas fóruns consultivos, com limitação de tempo para a exposição de dúvidas por parte da população. Além disso, muitas vezes esses eventos são bastante conturbados, pois constituem momentos ímpares para a população expor os medos, anseios, desejos e dúvidas. Frequentemente os assuntos são desviados e os temas apresentados transcendem o conteúdo do Rima e o âmbito do projeto em discussão.

Os conflitos entre grupos sociais rivais ou entre grupos e empreendedor podem se acirrar nessas reuniões, levando até a atos de violência, como o ocorrido em uma das audiências públicas referentes à construção da Usina Hidrelétrica de Belo Monte, quando um engenheiro foi atacado por um índio caiapó, em maio de 2008.

Ainda assim, podemos considerar que a realização de audiência pública no processo de licenciamento ambiental representa uma forma importante de democracia e inclusão da população nas discussões sobre atividades e projetos que podem afetar direta ou indiretamente seus modos de vida. É, muitas vezes, a única oportunidade para que as partes interessadas expressem suas opiniões e tentem influenciar, ainda que de forma mínima, o processo de tomada de decisão.

Síntese

Neste capítulo, apresentamos uma breve introdução da AIA e das diferentes etapas que compõem o processo dessa avaliação. Vamos relembrá-las?

- Planejamento e elaboração do projeto;
- Diagnóstico ambiental;
- Identificação dos impactos, com consulta e participação de atores sociais de diferentes grupos de interesse;
- Previsão e medição;
- Interpretação e avaliação dos impactos, considerando a opinião dos atores sociais relevantes e outras formas de consulta;
- Consulta e participação pública;
- Monitoramento da AIA, normalmente feito por meio de programas ambientais;
- Comunicação dos impactos observados e das ações tomadas para todas as partes interessadas.

Apresentamos os diferentes estudos que podem ser demandados pelos órgãos ambientais no momento do licenciamento. A seguir, uma síntese das etapas exigidas em um desses estudos, o EIA:

- Diagnóstico ambiental da área de influência do projeto;
- Análise dos impactos ambientais do projeto e de suas alternativas;

- Definição de medidas mitigadoras dos impactos negativos;
- Elaboração do programa de acompanhamento e monitoramento dos impactos positivos e negativos.

Questões para revisão

1. Qual a diferença entre EIA, RIMA, EAS, RAP e RAS?
2. Quais as etapas essenciais para a elaboração de um EIA?
3. De acordo com a Resolução Conama n. 1/1986, qual o conteúdo mínimo do Rima? Assinale a alternativa correta:
   a) Objetivos e justificativas do projeto, sua relação e compatibilidade com as políticas setoriais, planos e programas governamentais; e descrição do projeto e suas alternativas tecnológicas e locacionais, especificando para cada um deles, nas fases de construção e operação, área de influência, matérias-primas, mão de obra, fontes de energia, processos e técnicas operacionais, prováveis efluentes, emissões, resíduos de energia, empregos diretos e indiretos a serem gerados.
   b) Síntese dos resultados dos estudos de diagnóstico ambiental da área de influência do projeto; e descrição dos prováveis impactos ambientais da implantação e operação da atividade, considerando o projeto, suas alternativas e os horizontes de tempo de incidência dos impactos e indicando os métodos, técnicas e critérios adotados para sua identificação, quantificação e interpretação, além da caracterização da qualidade ambiental futura da área de influência, comparando as diferentes situações da adoção do projeto e de suas alternativas – incluindio a hipótese de sua não realização.

c) Descrição do efeito esperado das medidas mitigadoras previstas em relação aos impactos negativos, mencionando aqueles que não puderam ser evitados, e o grau de alteração esperado, além de programa de acompanhamento e monitoramento dos impactos e recomendação quanto à alternativa mais favorável (conclusões e comentários de ordem geral).
d) Estão corretas apenas as alternativas a e c.
e) Estão corretas apenas as alternativas a, b e c.

4. Como é tratada a questão dos prazos relacionados à elaboração do EIA/Rima? Assinale a alternativa correta:
   a) O órgão estadual competente ou o Ibama – ou, quando couber, o município – terá um prazo para se manifestar de forma conclusiva sobre o Rima; seu termo inicial será na data do recebimento do estudo do impacto ambiental e do respectivo Rima pelo órgão ambiental competente.
   b) Ao determinar a execução do EIA e a apresentação do Rima, o órgão ambiental competente estabelecerá prazo para recebimento dos comentários a serem feitos pelos órgãos públicos e demais interessados e, sempre que julgar necessário, promoverá a realização de audiência pública para informação sobre o projeto, seus impactos ambientais e o Rima.
   c) Os prazos de cada etapa do processo de licenciamento ambiental são definidos na Resolução Conama n. 237/1997.
   d) Estão corretas apenas as alternativas a, b e c.
   e) Estão corretas apenas as alternativas a e b.

5. Classifique as afirmativas a seguir como verdadeiras (V) ou falsas (F):

( ) Todos os projetos sujeitos ao licenciamento ambiental devem apresentar um estudo completo de impactos ambientais (EIA).

( ) O órgão ambiental responsável pelo licenciamento pode optar pela não realização de audiência pública.

( ) Os Rimas são documentos de acesso restrito aos empreendedores e dos órgãos ambientais competentes.

Questões para reflexão

1. Quais as principais dificuldades metodológicas enfrentadas nas fases de identificação, predição e avaliação dos impactos na AIA?

2. Qual a importância da audiência pública no processo de licenciamento ambiental no Brasil?

Sugestão para o professor

Divida a turma em grupos e proponha que cada um pesquise na internet documentos de EAS, RAP e RAS. Sugira que os grupos apresentem o exemplo estudado com foco nas etapas apresentadas nos estudos e no seu grau de detalhamento. Discuta as diferenças e semelhanças com a classe.

Para saber mais

Aprofunde-se um pouco mais nos tópicos tratados neste capítulo, especialmente nos aspectos relacionados ao licenciamento ambiental. Confira algumas dicas a seguir:

FARIA, I. D. Ambiente e energia: crença e ciência no licenciamento ambiental sobre alguns dos problemas que dificultam o licenciamento ambiental no Brasil. Núcleo de Estudos e Pesquisa do Senado Federal, jul. 2011. Disponível em: <http://www.senado.gov.br/senado/conleg/textos_discussao/TD99-IvanDutraFaria.pdf>. Acesso em: 20 jun. 2014.

CARVALHO, J. C. (Org.). Novas propostas para o licenciamento ambiental no Brasil. Brasília: ABEMA, 2013.

4

Impactos ambientais nos meios físico, biótico e socioeconômico

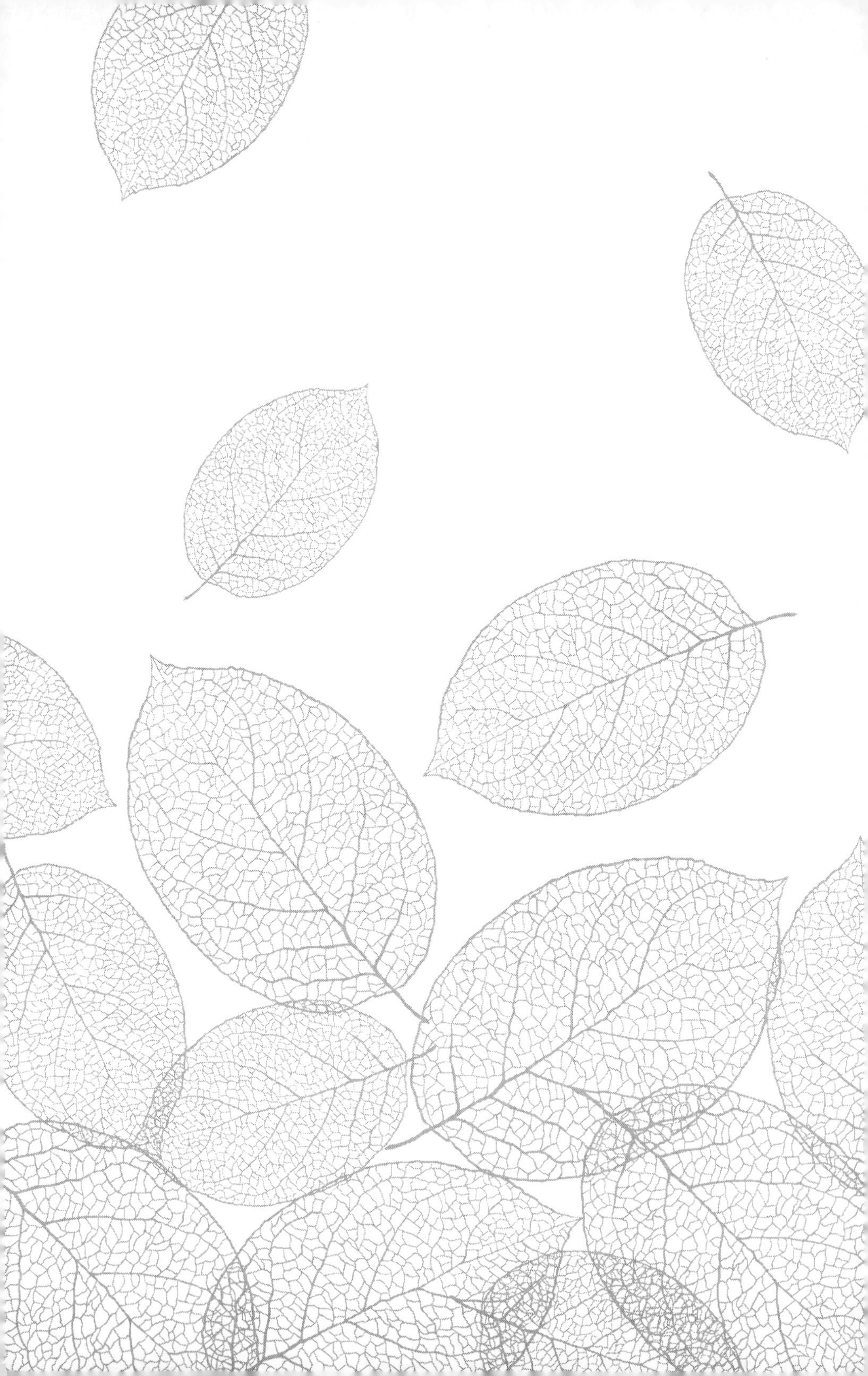

Conteúdos do capítulo

- Etapas de avaliação de impactos ambientais (AIA).
- Diferentes métodos de AIA.

Após o estudo deste capítulo você será capaz de:

1. identificar o método mais adequado de AIA;
2. avaliar os impactos ambientais de uma atividade/empreendimento.

Já aprendemos o que é impacto ambiental, como deve ser realizado o processo de avaliação de impactos ambientais (AIA) e como tudo isso está inserido no arcabouço legal brasileiro no âmbito do licenciamento ambiental. Agora nos resta saber detalhadamente que tipos de impactos podem recair sobre os meios físico, biótico e socioeconômico e quais os métodos existentes para identificação e avaliação desses impactos. É o que vamos apresentar agora.

4.1 Identificação e avaliação de impactos ambientais

Os métodos de AIA podem ser subdivididos em métodos tradicionais de avaliação (por exemplo, análise custo-benefício) e métodos calcados na utilização de pesos escalonados. Estes podem ainda ser de dois tipos:

1. Métodos preponderantemente de identificação e sintetização de impactos. Exemplos: metodologias espontâneas (*Ad Hoc*), listagens (*checklist*), matrizes de interações (por exemplo, Leopold), redes de interações (*networks*) e superposição de mapas (*overlays*) (Moura; Oliveira, 2009).

2. Métodos preponderantemente de avaliação (explicita bases de cálculos ou ótica de diferentes atores). Exemplos: Battelle, metodologias quantitativas, modelos de simulação e projeção de cenários, entre outros (Moura; Oliveira, 2009).

Apresentaremos aqui alguns desses métodos, selecionados de acordo com a maior utilização em estudos ambientais no âmbito do licenciamento ambiental. Apesar de eles apresentarem diferentes maneiras de avaliar os impactos, pode-se dizer que de forma geral a AIA, independentemente do método utilizado, é composta por três etapas principais, conforme mencionado por Brasil (2009b):

> Etapa 1 – correlação de cada uma das atividades previstas com os respectivos aspectos ambientais (informações contidas na Análise Ambiental);
>
> Etapa 2 – identificação do maior número de possíveis impactos ambientais;
>
> Etapa 3 – previsão (definição da magnitude) e avaliação da significância dos impactos, segundo critérios estabelecidos relevantes ao projeto, considerando os riscos ambientais, exigências legais e interesses da comunidade.

Cabe salientar que qualquer AIA é subjetiva – característica intrínseca do instrumento. A maioria dos métodos tenta reduzir ao máximo essa subjetividade. Os que utilizam algum tipo de valoração, na verdade induzem a uma classificação ou *ranking*, ou seja, os valores não são numéricos (aritméticos), e sim ordinais. Isso significa que o analista pode usar tanto 1, 2, 3, 4 quanto A, B, C, D e assim por diante, desde que se estabeleça a ordem crescente da escala em uso.

Além disso, não podemos esquecer que toda análise ambiental é resultado de um consenso de uma equipe multidisciplinar, fazendo com que um determinado impacto receba um determinado valor, nota ou classificação depois de ser avaliado sob diferentes ângulos (Gonçalves, 2007).

Vamos então observar as principais características de cada método apresentado, identificando como ele pode ser utilizado nas etapas da AIA, bem como suas vantagens e desvantagens. Detalharemos primeiramente o processo de identificação de impactos de modo a oferecer uma visão prática, com exemplos concretos de impactos socioambientais de acordo com a tipologia de um empreendimento.

O primeiro passo para identificar e avaliar os impactos ambientais de um empreendimento é definir detalhadamente o projeto, considerando todas as suas fases, desde o planejamento e a implantação até a operação e a desativação (Etapa 1 descrita anteriormente).

No planejamento são realizados todos os estudos técnicos e pesquisas de campo necessários para o detalhamento do projeto – por exemplo, levantamento de dados topográficos, sondagens geológicas e cadastramento de domicílios (Sánchez, 2008). Em um primeiro momento pode não parecer, mas essas atividades também apresentam potencial de impacto sobre os meios físico, biótico e até socioeconômico. Veremos alguns exemplos mais adiante.

Na implantação ocorrem todas as atividades de construção e outras necessárias à operacionalização do empreendimento, como instalação de canteiro de obras, escavações, deslocamento de populações e supressão vegetal (Sánchez, 2008). Já a operação é a etapa de funcionamento do empreendimento.

Nela pode ser executado o descrito no projeto, mas também podem ser feitas algumas alterações e adaptações necessárias (Sánchez, 2008). Na desativação e no fechamento do empreendimento existe uma série de atividades potencialmente impactantes que também devem ser consideradas. Novamente, mais à frente, apresentaremos alguns exemplos.

Uma vez definidos o projeto e os detalhes das atividades de cada uma das etapas (do planejamento à desativação/ao fechamento), é possível identificar quais os potenciais impactos socioambientais (Etapa 2 descrita anteriormente). Um bom conhecimento acerca do empreendimento, incluindo detalhamento de etapas, atividades necessárias para sua realização e desativação e ajuda na tarefa de perceber os aspectos causadores de impactos e as medidas de mitigação e controle requeridas. É importante observar que pode existir todo tipo de impacto, incluindo positivos, que também devem ser identificados e avaliados no processo de AIA.

Assim, estabelecer a lista de atividades do projeto é essencial para a identificação das causas dos impactos. Ela deve ser a mais detalhada possível para garantir que todos os impactos sejam conhecidos. Obviamente ela varia de acordo com cada tipo de empreendimento e a fase que se está avaliando (construção, implantação, operação, descomissionamento). As atividades necessárias para a construção de uma usina hidrelétrica são diferentes daquelas levadas em consideração para a construção de uma rodovia, as quais são distintas das necessárias para a operacionalização de uma indústria química, por exemplo.

Na literatura especializada, é possível encontrar algumas listas consideradas "padrão" para certas tipologias de empreendimentos. Outra fonte interessante de informação para o especialista responsável por realizar a AIA são os estudos de impacto ambiental (EIAs) ou relatórios de impacto ambiental (Rimas) de empreendimentos da mesma categoria. Diversos órgãos ambientais disponibilizam em seus sites esses estudos, os quais podem ser baixados e utilizados como referência.

No entanto, o especialista deve estar atento ao fato de que essas listas devem servir apenas como referência inicial, uma vez que não necessariamente o empreendimento em análise apresentará todas ou somente aquelas atividades previstas nas listas; daí a importância de se conhecer minuciosamente o projeto, de modo a identificar suas especificidades e adaptar a avaliação dos impactos à realidade que se está estudando. Nesse sentido, cabe lembrar que nos estudos ambientais realizados no âmbito do licenciamento ambiental é exigida a descrição do empreendimento.

A seguir, nos quadros 4.1, 4.2, 4.3, 4.4 e 4.5, apresentamos alguns exemplos reais de listas de atividades destacados em Sánchez (2008).

Quadro 4.1 – Exemplo de listagem das principais atividades de um empreendimento de mineração

Fase	Atividades
Fase de pesquisa e planejamento	• Contratação de pessoal temporário; • Serviços topográficos; • Abertura de vias de acesso; • Instalação de acampamentos; • Mapeamento geológico, prospecção geofísica e geoquímica; • Perfuração e coleta de amostras; • Retirada de materiais para ensaios; • Realização de ensaios de laboratório ou em escala-piloto; • Elaboração de projeto de engenharia.
Fase de implantação	• Aquisição de terras; • Contratação de serviços de terceiros; • Encomenda de máquinas e equipamentos; • Construção ou serviços de melhoria das vias de acesso; • Implantação de canteiros de obras; • Contratação de mão de obra para a construção; • Remoção da vegetação; • Decapeamento e terraplenagem; • Estocagem de solo vegetal;

(continua)

(Quadro 4.1 – continuação)

Fase de implantação	• Perfuração de poços e galerias de acesso para minas subterrâneas; • Preparação dos locais de disposição de estéreis e rejeitos; • Instalação de linha de transmissão de energia elétrica ou instalação de grupo gerador; • Implantação de sistema de captação e armazenamento de água; • Construção e montagem das instalações de manuseio e beneficiamento; • Construção e montagem das instalações de apoio; • Disposição de resíduos sólidos; • Implantação de viveiro de mudas; • Recrutamento de mão de obra para a fase de operação.
Fase de operação	• Remoção de vegetação; • Decapeamento da jazida; • Abertura de vias subterrâneas; • Drenagem da mina e áreas operacionais; • Perfuração e desmonte de rocha; • Carregamento e transporte de minério e estéril; • Disposição de estéreis; • Disposição temporária de solo vegetal; • Revegetação e demais atividades de recuperação de áreas degradadas; • Estocagem de minério; • Britagem e classificação; • Beneficiamento; • Secagem dos produtos; • Processamento metalúrgico ou químico; • Disposição de rejeitos; • Estocagem dos produtos; • Expedição; • Transporte; • Estocagem de insumos; • Disposição de resíduos sólidos; • Manutenção; • Aquisição de bens e serviços.

(Quadro 4.1 – conclusão)

Fase de desativação	• Retaludamento e implantação de sistema de drenagem; • Preenchimento de escavações; • Fechamento do acesso a aberturas subterrâneas e sinalização; • Revegetação e recuperação de áreas degradadas; • Desmontagem das instalações elétricas e mecânicas; • Remoção de insumos e resíduos; • Demolição de edifícios; • Dispensa da mão de obra; • Supervisão e monitoramento pós-operacional.

Fonte: Adaptado de Sánchez, 2008, p. 182-183.

Quadro 4.2 – Exemplo de listagem das principais atividades componentes de uma barragem

Fase de planejamento	• Estudos hidrológicos; • Contratação de pessoal temporário; • Levantamentos aerofotogramétricos; • Serviços topográficos; • Aberturas de vias de acesso; • Instalação de acampamentos; • Estudo da disponibilidade de materiais de construção; • Investigações geológico-geotécnicas; • Perfuração, abertura de trincheiras e coleta de amostras; • Retirada de material para ensaios geológico-geotécnicos; • Realização de ensaios de laboratório ou em escala-piloto; • Levantamento fundiário; • Elaboração de projeto de engenharia.
Fase preparatória	• Veiculação de informações sobre o empreendimento; • Aquisição de terras para instalação do canteiro de obras; • Encomenda de máquinas e equipamentos;

(continua)

(Quadro 4.2 – continuação)

Fase de implantação	- Aquisição de terras; - Contratação de serviços de terceiros; - Construção ou serviços de melhoria das vias de acesso; - Ampliação e melhoria da infraestrutura existente (energia, comunicações, fornecimento de água potável, coleta e tratamento de esgotos etc.); - Decapeamento e terraplenagem da área do canteiro de obras; - Estocagem de solo vegetal; - Implantação de canteiro de obras; - Contratação de mão de obra para a construção; - Implantação de alojamentos e vila residencial; - Construção de oficinas, pátios de máquinas, galpões de armazenagem; - Abertura de áreas de empréstimo e pedreiras; - Remoção da vegetação; - Implantação das fundações das barragens; - Extração de material de empréstimo (solo e rocha); - Construção de ensecadeira e desvio do rio; - Serviços de terraplenagem, compactação, transporte de matéria, concretagem; - Disposição de resíduos sólidos; - Transporte, recebimento e armazenamento de insumos e equipamentos; - Montagem eletromecânica; - Construção de linha de transmissão; - Construção de locais para reassentamento da população; - Reinstalação de infraestrutura afetada (estradas etc.); - Recrutamento de mão de obra para a fase de operação.

(Quadro 4.2 – conclusão)

Fase de enchimento do reservatório	- Desocupação da área e transferência da população; - Pagamento de indenizações; - Desmatamento e limpeza da área de inundação; - Fechamento das comportas.
Fase de operação	- Operação do reservatório (controle de vazão); - Acompanhamento do comportamento das estruturas; - Manutenção civil, elétrica e mecânica; - Controle e eliminação de plantas aquáticas; - Fiscalização da área do reservatório e faixa de segurança; - Drenagem e remoção de sedimentos; - Turbinagem de água; - Geração de energia elétrica.
Fase de desativação	- Remoção e contenção dos sedimentos; - Retaludamento e implantação de sistema de drenagem; - Demolição de edifícios e demais estruturas; - Preenchimento de escavações; - Fechamento do acesso a aberturas subterrâneas e sinalização; - Revegetação e recuperação de áreas degradadas; - Desmontagem das instalações elétricas e mecânicas; - Remoção de insumos e resíduos; - Dispensa da mão de obra; - Supervisão e monitoramento pós-operacional.

Fonte: Adaptado de Sánchez, 2008, p. 184-185.

Quadro 4.3 – Exemplo de listagem das principais atividades componentes de um empreendimento rodoviário

Fase de planejamento	* Estudos de viabilidade técnico-econômica e de alternativas de traçado; * Divulgação do empreendimento; * Investigações geotécnicas preliminares, levantamentos topográficos e cadastrais; * Declaração de utilidade pública e anúncio de desapropriações.
Fase de implantação (atividades preparatórias)	* Execução da desapropriação, desocupação de imóveis e demolições; * Pagamento de indenizações; * Construção de moradias e benfeitorias para reassentamento; * Transferência da população afetada; * Remanejamento de redes de utilidades públicas; * Contratação de serviços; * Contratação de mão de obra; * Implantação de canteiros, acampamentos e demais áreas de apoio; * Abertura de vias de acesso e pistas de serviço; * Transporte de máquinas até os locais das obras; * Desvios e bloqueios de trânsito de veículos, pedestres e animais; * Aquisição de bens e insumos; * Estocagem de bens e insumos; * Remoção da vegetação; * Implantação de pedreiras ou aquisição de brita; * Instalação de usina de asfalto.
Fase de implantação (atividades de construção)	* Terraplenagem, execução de cortes e aterros; * Implantação de sistema de drenagem de águas pluviais; * Desvio e canalização de cursos d'água; * Transporte e disposição de materiais em ações de bota-fora.

(continua)

(Quadro 4.3 – conclusão)

Fase de implantação (atividades de construção)	▸ Transporte de insumos e materiais para os canteiros e distribuição na área de construção; ▸ Execução de obras de arte; ▸ Preparação do leito carroçável; ▸ Pavimentação; ▸ Plantio em taludes e outras áreas; ▸ Sinalização; ▸ Manutenção de máquinas e equipamentos.
Fase de implantação (desmobilização)	▸ Desmontagem do canteiro de obras; ▸ Retirada de entulho e resíduos; ▸ Recuperação de áreas degradadas; ▸ Dispensa da mão de obra.
Fase de operação	▸ Circulação de veículos; ▸ Conservação e manutenção da via; ▸ Conservação e manutenção de áreas verdes; ▸ Proteção da faixa de domínio; ▸ Controle de operações.

Fonte: Adaptado de Sánchez, 2008, p. 186.

Quadro 4.4 – Exemplo de listagem de principais atividades componentes de um aterro de resíduos

Fase de planejamento	▸ Estudos de viabilidade técnico-econômica e de alternativas de localização; ▸ Investigações geotécnicas preliminares; ▸ Divulgação do empreendimento; ▸ Declaração de utilidade pública e anúncio de desapropriações.
Fase de implantação: atividades preparatórias	▸ Execução das desapropriações; ▸ Pagamento de indenizações; ▸ Contratação de serviços; ▸ Contratação de mão de obra; ▸ Implantação de canteiro de obras; ▸ Deslocamento de máquinas; ▸ Aquisição de bens e insumos; ▸ Estocagem de bens e insumos; ▸ Remoção da vegetação.

(continua)

(Quadro 4.4 – conclusão)

Fase de implantação (construção do aterro)	• Escavações para preparação de células; • Compactação do solo do fundo das células; • Instalação de sistema de drenagem no fundo e nos taludes laterais; • Instalação de manta impermeável no fundo e nos taludes laterais; • Instalação de dutos para coleta de biogás; • Implantação de sistema de drenagem de águas pluviais; • Perfuração de poços de monitoramento das águas subterrâneas; • Construção de guaritas, escritórios e demais instalações; • Instalação de cerca; • Implantação de cortina vegetal.
Fase de operação	• Circulação de caminhões pelas vias de acesso; • Recebimento e pesagem dos caminhões; • Descarga dos caminhões; • Compactação do lixo; • Recobrimento do lixo com terra; • Coleta de chorume; • Tratamento de chorume ou encaminhamento para estação de tratamento; • Coleta e queima de biogás (ou aproveitamento); • Conservação e manutenção de áreas verdes; • Monitoramento ambiental.
Fase de desativação	• Recobrimento definitivo do solo; • Plantio de gramíneas nas bermas e taludes; • Monitoramento geotécnico; • Monitoramento ambiental; • Tratamento de chorume ou encaminhamento para estação de tratamento; • Coleta e queima de biogás (ou aproveitamento).

Fonte: Adaptado de Sánchez, 2008, p. 187.

Quadro 4.5 – Exemplo de listagem das principais atividades componentes de uma linha de transmissão de energia elétrica

Fase de planejamento	• Estudos de viabilidade técnico-econômica e de alternativas de traçado.
Fase de implantação (atividades preparatórias)	• Serviços de topografia; • Abertura de estradas de acesso e de serviços, abertura de helipontos; • Investigações geológico-geotécnicas dos locais de construção das torres; • Contratação de serviços; • Contratação de mão de obra; • Aquisição de equipamentos e materiais; • Remoção da vegetação na faixa de servidão; • Abertura de praças para montagem das estruturas e lançamento dos cabos.
Fase de implantação (construção)	• Transporte das torres, cabos e demais componentes; • Execução das fundações; • Execução de obras de estabilização de taludes e drenagem; • Montagem das estruturas metálicas; • Lançamento dos cabos e instalação dos componentes.
Fase de operação	• Transmissão de energia; • Inspeções periódicas (terrestres ou aéreas); • Manutenção preventiva das torres e fundações; • Manutenção da faixa de servidão; • Manutenção corretiva.
Fase de desativação	• Retirada dos cabos; • Desmontagem das torres; • Remoção dos resíduos; • Reabilitação das áreas degradadas.

Fonte: Adaptado de Sánchez, 2008, p. 188.

Uma vez identificadas as atividades para o caso estudado, parte-se para a identificação dos impactos propriamente ditos, ou seja, a identificação das consequências dessas atividades sobre os meios físico, biótico e socioeconômico (Etapa 2).

A nomeação dos impactos deve ser concisa e autoexplicativa, considerando que a descrição detalhada de cada um venha a ser realizada em outro momento do processo de AIA. Muitas vezes a denominação dos impactos não é clara, confundindo-os com os aspectos geradores ou misturando impactos primários com secundários. Uma dica para tentar evitar que isso aconteça é começar nomeando um impacto como *alteração* e então identificar que tipo de alteração aquela atividade pode causar (por exemplo, alteração na qualidade da água, na qualidade do ar, nos modos de vida da população ribeirinha e assim por diante). No entanto, deve-se tomar o devido cuidado para que o impacto não fique exageradamente genérico, o que dificulta a compreensão.

Assim como as atividades (aspectos geradores) devem ser detalhadas, os impactos também precisam ter o mesmo tratamento. No caso dos exemplos mencionados anteriormente, poderíamos pensar em algo como: alteração nas concentrações de CO_2 e na demanda bioquímica de oxigênio do corpo d'água. Ainda que não se use a palavra *alteração* na nomeação do impacto, é útil tê-la em mente, pois ela ajuda a diferenciar o que é um aspecto e o que é um impacto.

Da mesma forma que ocorre com as listas de atividades genéricas para tipologias de empreendimentos, também é possível encontrar na literatura especializada listas de atividades e seus respectivos impactos nos meios físico, biótico e socioeconômico, como as disponibilizadas pelo Banco Mundial (Sánchez, 2008).

Novamente, cabe salientar que elas são apenas uma ferramenta inicial para auxiliar na identificação de possíveis impactos e não necessariamente refletem por completo a realidade do projeto em questão.

Os métodos de identificação e sintetização de impactos são os mais utilizados nessa etapa. Um detalhamento maior dos métodos *Ad Hoc*, *checklists*, rede de interações e matriz de interações será apresentado a seguir.

4.1.1 Método *Ad Hoc*

O método *Ad Hoc* é utilizado quando se quer avaliar um projeto específico. A identificação dos impactos é feita com base em discussões de grupo de especialistas (*brainstormings*), nas quais cada pessoa sugere um conjunto de impactos ambientais passíveis de ocorrerem considerando o projeto analisado e sua localização. O método é totalmente calcado na experiência do grupo de especialistas, que propõe o conjunto de impactos tendo como referência o histórico de participação em outros projetos similares e o conhecimento adquirido ao longo dos anos.

Uma alternativa é a utilização de questionários com perguntas que guiem a identificação de impactos, os quais podem ser respondidos não só pelos especialistas, mas também por pessoas com interesse no problema ou conhecimento da região onde o empreendimento será estabelecido. Por meio desse método é possível identificar impactos prováveis e alternativas para sua minimização. O processo de caracterização e sintetização dos impactos efetua-se por meio da construção de tabelas ou matrizes.

O método *Ad Hoc* é considerado rápido e viável de ser aplicado, mesmo com escassez de informações sobre o projeto, pois se baseia no conhecimento prévio de especialistas; além disso, é bastante útil no início dos processos de tomada de decisão. Como desvantagem, ressalta-se a subjetividade e a tendenciosidade da avaliação.

O Quadro 4.6 apresenta um exemplo para o caso da realização de atividades sísmicas no processo de exploração e produção de petróleo em uma dada bacia sedimentar da costa brasileira. Nota-se que é feita a identificação do impacto *Desequilíbrio ambiental pela introdução de espécies*, suas fontes, bem como a descrição detalhada de receptores, efeitos potenciais e legislação pertinente relacionada. O conteúdo pode variar de acordo com as informações disponíveis, bem como conter as medidas de controle e mitigação dos impactos, o que pode auxiliar na definição de planos de gestão ambiental para controle e monitoramento.

Quadro 4.6 – Exemplo de parte do resultado de uma AIA utilizando o método *Ad Hoc*

Impacto I – Desequilíbrio ambiental pela introdução de espécies
Fontes do impacto potencial *(offshore)*   Levantamento de dados sísmicos   Operação e navegação da unidade de exploração e produção   Instalação de unidades

(continua)

(Quadro 4.6 – conclusão)

Impacto I – Desequilíbrio ambiental pela introdução de espécies
Descrição do impacto **Atividades de exploração, produção e transporte**: o fluxo de embarcações na região para embarque e desembarque de pessoal e materiais gera o desenvolvimento de uma comunidade incrustante de organismos bentônicos. Entre esses organismos podemos encontrar espécies exóticas ao ambiente natural pela sua presença na embarcação, por larvas no ambiente pelágico ou mesmo na água de lastro. Normalmente, espécies introduzidas não possuem competidores naturais, o que favorece a sua instalação. Por outro lado, este fato não significa sucesso imediato, pois a espécie introduzida precisa, em primeiro lugar, ter condições de sobrevivência no novo ambiente, além de mecanismos que permitam a sua adaptabilidade
Receptores Comunidades biológicas pelágicas
Efeitos potenciais Introdução de novas espécies naquele ecossistema, o que pode levar ao seu desequilíbrio, devido a alterações na cadeia alimentar ou competição
Legislação Não há legislação ambiental específica para este impacto
Controle Não se preveem usualmente medidas de controle por parte das empresas para este impacto
Consideração posterior SIM
Mitigação Estabelecer programas de controle de unidades que possam levar espécies exóticas para a região Estabelecer programas de monitoramento para verificação de possíveis desequilíbrios ecológicos decorrentes da presença de novas espécies

Fonte: Lima, 2003.

4.1.2 Método *checklist*

O método *checklist*, também conhecido como *Listagem de Controle*, é na verdade uma evolução do método anterior e um dos mais utilizados na AIA. Apesar de existirem diversas listagens-padrão de impactos ambientais para uma grande gama de empreendimentos, o uso desse método também prevê a participação de especialistas na identificação dos impactos pertinentes para dada realidade. Podem ainda ser utilizadas listagens descritivas, comparativas e questionários. Na sua forma mais detalhada, o *checklist* pode ainda incorporar escalas de valoração e ponderação dos impactos selecionados.

Assim como o método *Ad Hoc*, o *checklist* é bastante simples e não necessita de muitos dados para a avaliação de impactos, pois se baseia em listagens já existentes e na experiência dos especialistas. Como desvantagem, ele é considerado estático e não possibilita evidenciar as inter-relações entre os impactos, além de não considerar as relações de causa/efeito.

No Quadro 4.7 é apresentado um exemplo de utilização do método *checklist* para o caso da construção de uma pequena central hidrelétrica (PCH). Vale ressaltar que a listagem dos impactos já existia; o especialista a utiliza como base para identificar se eles existirão ou não no empreendimento em questão. Além disso, o especialista ainda indicou pelas colunas se o impacto deve ser positivo ou negativo e se existe possibilidade (chamado neste caso de *risco*) grande, média, pequena ou inexistente de ocorrer.

Quadro 4.7 – Exemplo de parte do resultado de uma AIA utilizando o método *checklist*

Impactos diretos sobre o meio físico – biótico						
Fase de construção						
Impacto previsto	Forma		Risco			
	Positivo	Negativo	Grande	Médio	Pequeno	Inexistente
Desmatamento para a implantação de canteiro de obras, alojamentos e vila residencial						
Desmatamento para a construção de estradas						
Terraplenagem para a instalação de obras de apoio						
Construção de diques e barragem no leito principal e pontos de fuga de água (canal de desvio e outros)						
Ampliação das atividades de caça e de pesca no entorno, colocando em risco a fauna existente						

A seguir, nos quadros 4.8, 4.9, 4.10 e 4.11 são apresentados novamente alguns exemplos de listagens com atividades reais e seus impactos associados.

Quadro 4.8 – Exemplo de tabela de atividades, impactos no meio físico-biótico e programas em subestações

Causa/Atividade	Impactos	Momento ocorrência do impacto	SE URB	SE RUR	Medidas/Ações/Projetos/Programas
Ocupação da área para SE's e canteiros de obras (desmatamento e terraplenagem) e eletrodo de terra	• Retirada da cobertura vegetal	C	x	x	• Recuperação de áreas degradadas
	• Interferência na fauna e na flora	C	x	x	• Implantação e consolidação de unidades de conservação
	• Interferência em recursos hídricos	C		x	• Proteção de recursos hídricos
Abertura de estradas de acesso	• Interferência em áreas legalmente protegidas	C/O		x	• Controle de processos erosivos
	• Efeito de borda	C/O		x	• Estudos da flora e da fauna
Operação das subestações (efluentes líquidos e sólidos, captação da água)	• Interferência na fauna e flora	O	x		• Manejo da flora e fauna
	• Poluição dos recursos hídricos	O	x	x	• Proteção dos recursos hídricos
	• Captação e devolução da água	O	x		
Energização e operação de subestação, surgimento dos efeitos eletromagnéticos	• Efeitos biológicos na fauna e flora	O	x		• Acompanhamento dos estudos sobre efeitos biológicos dos campos eletromagnéticos em andamento no mundo e adequação ao sistema brasileiro (*)
					• Aperfeiçoamento dos critérios de projeto (*)

Fonte: Brasil, 1994a.

Momento de ocorrência: P = planejamento; C = construção; O = operação
SE URB = Subestação urbana
SE RUR = Subestação rural
(*) Pesquisas e ações de longa manutenção de caráter geral, não relacionadas a um empreendimento específico, cujos resultados são alterações de critérios de projeto

Quadro 4.9 – Exemplo de tabela de atividades, impactos no meio socioeconômico e programas em subestações

Causa/Atividade	Impactos	Momento ocorrência do impacto	SE URB	SE RUR	Medidas/Ações/Projetos/Programas
Ocupação da área para subestações, para canteiros de obra e eletrodos de terra (desmatamento e terraplenagem) Abertura de estradas de acesso	• Interferência com populações indígenas ou outros grupos étnicos	P/C/O		x	• Apoio às comunidades indígenas ou outros grupos étnicos
• Acompanhamento e controle interétnico
	• Interferência nos equipamentos sociais e áreas comunitárias, locais de interesse histórico e cultural	P/C	x		• Redimensionamento dos serviços e equipamentos sociais urbanos
	• Deslocamento de população	C		x	• Saúde e saneamento básico
• Relocação de população urbana
	• Aumento do fluxo migratório devido ao aumento da oferta de emprego	C/O	x	x	• Relocação de infraestrutura econômica e social
	• Aquecimento da economia, seguido de retração ao término da obra	C	x	x	• Indenizações de terrenos e benfeitorias
	• Interferência na saúde da população	C	x	x	• Salvamento do patrimônio cultural (arqueológico, histórico, paisagístico)
	• Interferência nas atividades agropecuárias	C	x	x	
	• Ruído, poeira	C	x	x	• Comunicação socioambiental

Momento de ocorrência: P = planejamento; C = construção; O = operação
SE URB = Subestação urbana
SE RUR = Subestação rural

Fonte: Brasil, 1994a.

Quadro 4.10 – Exemplo de tabela de atividades, impactos no meio físico-biótico e programas em linhas de transmissão

Causa/Atividade	Impactos	Momento ocorrência do impacto	LT URB	LT RUR	Medidas/Ações/Projetos/Programas
Abertura da faixa de passagem, de estradas de acesso, de praças de montagem de estruturas, de áreas de lançamento de cabos e de áreas para canteiro de obras	• Retirada da cobertura vegetal	C	x	x	• Desmatamento seletivo e poda apropriada
	• Erosão do solo	C	x	x	• Replantio da faixa de servidão com vegetação adequada
	• Interferência em recursos hídricos	C		x	• Recuperação de áreas degradadas
	• Interferência na fauna	C/O	x	x	• Implantação e consolidação de unidades de conservação
	• Efeito de borda	C/O	x	x	• Controle dos processos erosivos
	• Interferência em áreas legalmente protegidas	C/O		x	• Proteção dos recursos hídricos
Montagem e estruturas e lançamento de cabos	• Danos temporários ao solo	C	x	x	• Recuperação de áreas degradadas
	• Danos temporários à vegetação	C	x	x	• Adequação dos critérios construtivos às condições ambientais
Manutenção da faixa de passagem das linhas	• Interferência na fauna e na flora	O	x	x	• Desmatamento seletivo e poda apropriada
					• Replantio da faixa de servidão com vegetação adequada

(continua)

(Quadro 4.10 – conclusão)

Causa/Atividade	Impactos	Momento ocorrência do impacto	LT URB	LT RUR	Medidas/Ações/Projetos/Programas
Inclusão de obstáculo artificial	• Interferência na rota de migração dos pássaros	C/O	x	x	• Sistema adequado de sinalização aérea ou outros procedimentos para minimizar a interferência na rota migratória dos pássaros
Energização e operação da linha, surgimento dos efeitos eletromagnéticos	• Efeitos biológicos na fauna e na flora	O	x	x	• Acompanhamento dos estudos sobre efeitos biológicos dos campos eletromagnéticos em andamento no mundo e adequação ao sistema brasileiro (*) • Aperfeiçoamento dos critérios de projeto (*)

Fonte: Brasil, 1994a.

Momento de ocorrência: P= planejamento, C= construção, O= operação

LT URB = Linha de transmissão urbana

LT RUR = Linha de transmissão rural

(*) Pesquisas e ações de longa manutenção de caráter geral, não relacionadas a um empreendimento específico, cujos resultados são alterações de critérios de projeto

Quadro 4.11 – Exemplo de tabela de atividades, impactos no meio socioeconômico e programas em linhas de transmissão

Causa/Atividade	Impactos	Momento ocorrência do impacto	LT URB	LT RUR	Medidas/Ações/Projetos/Programas
Abertura da faixa de passagem, de estradas de acesso, de praças de montagem de estrutura, de áreas de lançamento de cabos e de áreas para canteiros de obras	• Interferência com populações indígenas ou outros grupos étnicos	P/C/O		x	• Apoio às comunidades indígenas ou outros grupos étnicos
• Acompanhamento e controle interétnico
• Uso múltiplo da faixa de servidão
• Relocação de população urbana
• Relocação de infraestrutura econômica e social
• Indenização de terrenos e benfeitorias
• Comunicação socioambiental
	• Desapropriação de terras	C	x	x	
	• Limitação ao uso do solo devido à servidão	C/O	x	x	
	• Criação de expectativa na população afetada	P/C/O	x	x	
	• Deslocamento da população afetada	C/O	x	x	
	• Indução à ocupação desordenada das margens de LT's e estradas de acesso	C/O	x	x	
	• Interferência nas atividades agropecuárias	C/O	x	x	

(continua)

(Quadro 4.11 – conclusão)

Causa/Atividade	Impactos	Momento ocorrência do impacto	LT URB	LT RUR	Medidas/Ações/Projetos/Programas
	• Interferência em edificações, vias públicas e no tráfego	C/O			
	• Interferência em locais de interesse histórico e cultural	C/O			
Montagem de estruturas e lançamento de cabos	• Danos temporários às áreas cultivadas	C	x		
	• Interferência com população indígena e outros grupos étnicos	C	x		• Apoio às comunidades indígenas ou outros grupos étnicos • Acompanhamento e controle interétnico • Indenização por lucro cessante

Fonte: Brasil, 1994a.

Momento de ocorrência: P = planejamento; C = construção; O = operação
LT URB = Linha de transmissão urbana
LT RUR = Linha de transmissão rural

4.1.3 Método rede de interações (*network*)

O método de rede de interações e relações de causas-condições-efeitos permite melhor identificação dos impactos e suas inter-relações, o que não é possível nos métodos anteriormente apresentados. Essa é uma técnica de identificação dos efeitos, podendo também indicar ações corretivas e mecanismos de controle, além de incluir parâmetros para valoração da magnitude e importância. Ela permite identificar os impactos primários, secundários, terciários etc., compondo toda a cadeia de impactos diretos e indiretos.

A grande vantagem da rede de interações é possibilitar a identificação das inter-relações dos impactos. Porém, sua construção pode gerar redes complexas, dificultando a valoração dos impactos. A Figura 4.1 apresenta um exemplo desse método na implantação de pastagem na bacia hidrográfica do Taquari (BHRT) quanto ao processo erosivo.

Figura 4.1 – Rede de interações na implantação de pastagem na BHRT e o processo erosivo

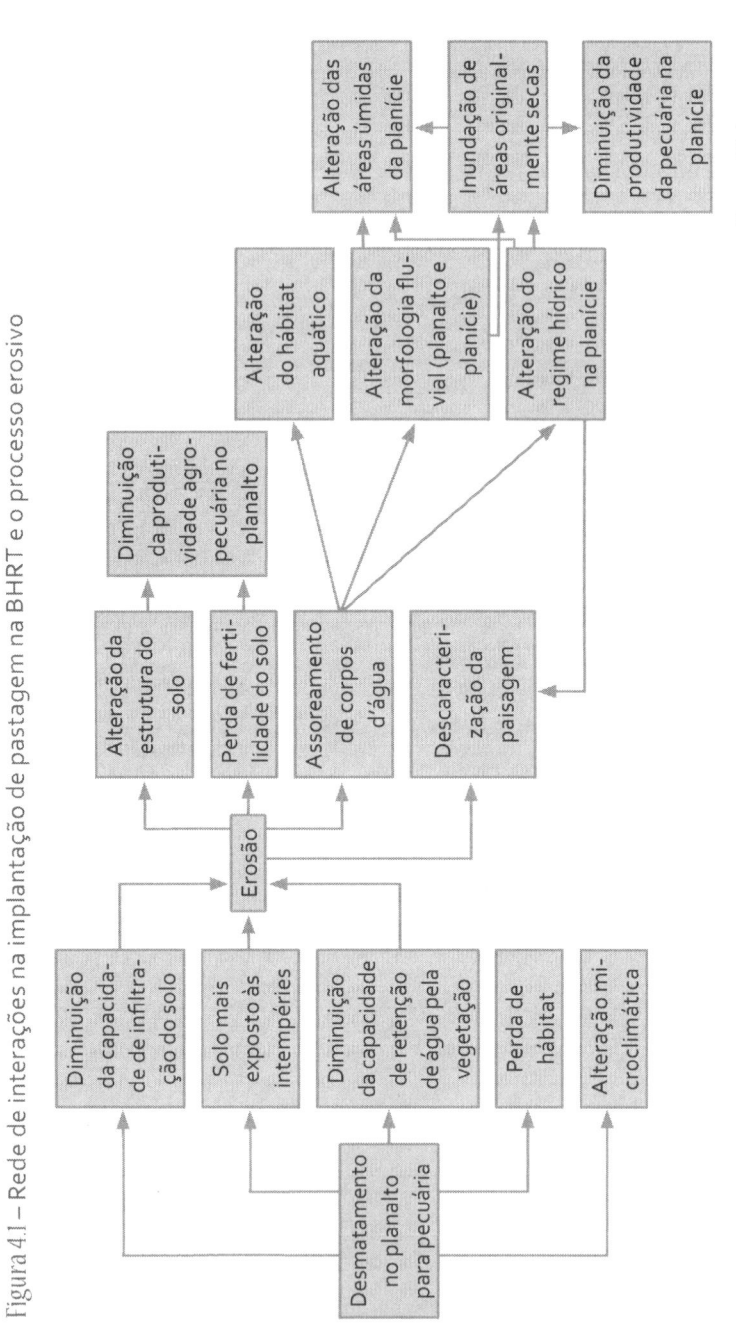

Fonte: Abdon, 2004.

4.1.4 Método matriz de interações

O método matricial difere do anterior, uma vez que relaciona ações com fatores ambientais. Pode incorporar parâmetros de avaliação, mas é preponderantemente um método de identificação de impactos.

A Matriz de Leopold, criada pelo Serviço Geológico do Ministério do Interior dos Estados Unidos em 1971, é a mais conhecida. Ela contém 100 colunas que representam as ações do projeto e 88 linhas relativas aos fatores ambientais, o que torna possível um total de 8.800 possíveis interações. Obviamente não se pode trabalhar com tamanha quantidade de impactos, daí a utilização, na prática, de matrizes reduzidas.

O método funciona da seguinte forma: assinalam-se todas as possíveis interações entre ação e fator para estabelecer a magnitude e a importância de cada impacto, normalmente utilizando uma escala de 1 a 10, identificando ainda se o impacto é positivo ou negativo. Posteriormente, calcula-se o chamado *índice global*. Cabe salientar que esse índice só pode ser medido se houver compatibilização de escalas de impactos.

Atualmente, existem inúmeras variações da Matriz de Leopold no que se refere à forma de apresentação e organização das linhas e colunas; esses métodos variados são bastante utilizados nos EIA/Rima.

Por ser bastante abrangente, o método é amplamente utilizado, pois facilita a comparação de projetos ou alternativas de um mesmo projeto. No entanto, caso não haja a identificação das inter-relações, pode haver uma dupla contagem dos impactos. É preciso ainda cuidado para fixar critérios de relevância e ponderação de modo a garantir coerência e compatibilização de escalas de impactos.

A seguir, nas tabelas 4.1 e 4.2, é apresentado um exemplo do uso da matriz de interações para duas possíveis alternativas locacionais de um plano de expansão de um aeroporto. Em cada quadrado, o número da parte superior representa a magnitude em uma escala de 1 a 10, pré-definida com base em critérios e indicadores específicos para cada fator segundo a intensidade de transformação da situação pré-existente do fator ambiental impactado. Ainda na parte superior está representada a natureza do impacto (positivo ou negativo). A parte inferior representa a importância do impacto em uma escala predefinida de 1 a 10, construída com base em critérios como probabilidade de ocorrência, duração, reversibilidade e relevância segundo determinações legais.

Tabela 4.1 – Matriz de interação para expansão de um aeroporto na localidade A (Alternativa 1)

Ações → Fatores	Construção	Operação	Manutenção	Impacto por fator
Qualidade do ar	−3 / 2	−5 / 1	+4 / 4	(−3)(2)+(−5)(1)+(+4)(4) = +5
Vegetação	−2 / 8	−4 / 6	+3 / 5	(−2)(8)+(−4)(6)+(+3)(5) = −25
Vida animal	−5 / 10	−4 / 9	+1 / 8	(−5)(10)+(−4)(9)+(+1)(8) = −78

Tabela 4.2 – Matriz de interação para expansão de um aeroporto na localidade B (Alternativa 2)

Ações → Fatores	Construção	Operação	Manutenção	Impacto por fator
Qualidade do ar	−4 / 1	−5 / 2	+6 / 3	(−4)(1)+(−5)(2)+(+6)(3) = +4
Vegetação	−1 / 6	−4 / 8	+7 / 10	(−1)(6)+(−4)(8)+(+7)(10) = +32
Vida animal	−5 / 9	−3 / 2	+4 / 6	(−5)(9)+(−3)(2)+(+4)(6) = −27

Por meio desses exemplos, nota-se que a Alternativa 2 (Tabela 4.2) apresenta um índice de impacto positivo sobre a qualidade do ar e a vegetação; na Alternativa 1 (Tabela 4.1), o impacto positivo recai apenas para a qualidade do ar. Além disso, a Alternativa 2 mostra um impacto negativo referente à vida animal menor do que o impacto causado pela Alternativa 1. Como os parâmetros utilizados para atribuir valores aos impactos causados sobre os fatores selecionados foram os mesmos considerando as duas alternativas, pode-se concluir que a Alternativa 2 seria a melhor escolha de plano.

Outro exemplo é apresentado no Quadro 4.12.

Quadro 4.12 — Matriz de interação da implantação de pastagem exótica

Fases / Ações-Etapas / Meio ambiente	Implantação			Operação					Processos		
	Instalação de acampamentos	Supressão da vegetação	Preparo do solo e plantio	Manejo do gado	Manejo das pastagens	Construção de benfeitorias	Comercialização	Demandas de bens e serviços	Erosão	Assoreamento	Inundação
Físico											
Água superficial											
Quantidade			•			o				•	•
Qualidade	•	•	•	•					•	•	•
Atmosfera/Clima											
Qualidade do ar			•		•						
Temperatura			•		•						
Balanço hídrico			•								
Solos											
Fertilidade			•	o	•					•	•
Capacidade de infiltração e retenção da água			•	o	•		o			•	•
Morfologia dos rios											

(continua)

(Quadro 4.12 – conclusão)

Fases	Implantação			Operação					Processos		
Ações/Etapas \ Meio ambiente	Instalação de acampamentos	Supressão da vegetação	Preparo do solo e plantio	Manejo do gado	Manejo das pastagens	Construção de benfeitorias	Comercialização	Demandas de bens e serviços	Erosão	Assoreamento	Inundação
Biológico											
Flora											
Perda de hábitat	•	•							•	•	•
Cerradão e mata		•							•		•
Cerrado		•							•		•
Campo									•		•
Áreas úmidas										•	•
APP – morro		•							•		
APP – rios		•				o			•	•	•
Perda de biodiversidade		•							•	•	•
Fauna											
Aves	•	•									•
Terrestre	•	•				•					
Aquática		•								•	•
Socioeconômico											
Uso da terra											
Vegetação nativa		•							•	•	•
Pecuária			o			o			•	•	
Agricultura									•		
Transporte				•			•		•	•	•
Renda	o	o	o	o	o	o	o	o	•	•	•
Emprego	o	o	o	o	o	o	o	o	•	•	•
Serviços				o					•	•	
Bens e insumos			o				o	o	•	•	•
Arrecadação de impostos			o				o	o	•	•	•

Legenda: • = impacto negativo; o = impacto positivo

Fonte: Adaptado de Abdon, 2004.

Após a identificação das atividades impactantes e dos potenciais impactos associados, chega-se à Etapa 3, de previsão e avaliação da significância dos impactos, segundo critérios relevantes ao projeto – considerando riscos ambientais, exigências legais e interesses da comunidade. Nessa etapa, são utilizados métodos preponderantemente de avaliação (explicitados por bases de cálculos ou ótica de diferentes atores), como o de Battelle; modelos de simulação e projeção de cenários, entre outros. Essa etapa pode ser subdividida em duas: previsão e avaliação dos impactos. Na previsão, determinarmos a magnitude (intensidade) dos impactos; na avaliação, a sua importância.

Para realizar a previsão, assim como em outras etapas do processo de AIA (diagnóstico e monitoramento), é usual escolher indicadores de impactos que auxiliem na descrição do comportamento futuro do meio afetado. Podem ser utilizados indicadores de qualidade da água, qualidade do ar e outros relacionados à condição ambiental ou estado do meio ambiente, tendo como base até mesmo determinações legais. Há uma grande variedade de indicadores; a escolha do mais adequado é missão do analista responsável pelo estudo ambiental.

A outra parte da Etapa 3, a avaliação da importância e significância dos impactos, é considerada uma das mais complexas, pois, como já mencionado anteriormente, apresenta alto grau de subjetividade. Ainda que se baseie em análises técnicas, há também alto grau de juízo de valor e de consideração da experiência do analista.

Para a execução dessa tarefa, é preciso minimizar ao máximo a subjetividade. Isso pode ser feito com a definição de critérios, de modo que todos os impactos identificados anteriormente sejam avaliados da mesma forma, sob a mesma base. Podem-se utilizar os mesmos métodos já apresentados, porém agora se faz necessário um conhecimento maior dos impactos para poder avaliar a sua importância. Considerando que, nesse momento, já se têm os resultados do diagnóstico ambiental – o qual descreve a situação do meio ambiente e da socioeconomia anteriormente à implantação do empreendimento, bem como a descrição detalhada do projeto e a previsão dos impactos –, pode-se dizer que o nível de conhecimento sobre a região e o empreendimento é mais profundo, o que possibilita uma avaliação criteriosa.

Existem diversas maneiras de definir critérios de importância para os impactos. Pode-se tomar por base dados estatísticos, legislação (limites de emissões, por exemplo), tempo que o impacto irá durar, magnitude (porte ou extensão do impacto), experiências similares anteriores, entre outros aspectos.

É viável, por exemplo, analisar os impactos e suas fontes quanto à possível durabilidade (ou temporalidade), abrangência espacial, sinergia e cumulatividade. Em relação aos atributos de sinergia e acumulação, podem ser consideradas as seguintes questões: a interação do impacto (ou de suas fontes) com outros impactos que ocorrem simultaneamente; a ocorrência repetida do impacto com o passar do tempo (em diferentes atividades); a ocorrência repetida do impacto (ou de suas fontes) por várias atividades espacialmente separadas; e o conhecimento sobre a persistência do efeito no ambiente afetado (Lima, 2003).

Para ilustrar, apresentamos um caso de avaliação de impactos realizado no âmbito de uma avaliação ambiental estratégica (AAE) de um programa de desenvolvimento da E&P *offshore* de petróleo e gás natural no litoral sul da Bahia (quadros 4.13 e

4.14). O efeito global dos impactos (Quadro 4.15) foi definido pela magnitude de sua consequência, por sua frequência de ocorrência e pela significância ou importância sobre determinado ativo ambiental, conforme os critérios apresentados nos quadros a seguir.

Quadro 4.13 – Exemplo de critérios de magnitude para AIA

Nível de efeito	Meio físico e biológico	Meio social
Baixo	Mudança localizada relativamente isolada no meio ambiente natural. Os efeitos devem ser totalmente reversíveis, naturalmente ou por meio de intervenções, dentro de seis meses. Impacto localizado (na superfície do oceano, subsuperfície ou leito marinho) dentro de um raio de 500 metros da fonte de impacto.	Mudança localizada relativamente isolada e moderada nos fatores socioeconômicos. Os efeitos devem ser totalmente reversíveis, naturalmente ou por meio de intervenções, dentro de seis meses.
Médio	Modificação local de gravidade considerável nas condições atmosféricas, de superfície ou de subsuperfície. Duração de seis meses a dois anos antes da recuperação. Extensão da superfície da área afetada de 0,5 a 5 quilômetros quadrados, ou 5 quilômetros de raio, com modificações de significância menor.	Modificação local de gravidade considerável nas atividades econômicas e/ou na infraestrutura existente da área de base. Duração de seis meses a dois anos antes da recuperação. Modificação dispersa (mais que 50% do território da área de influência ou menor significância e duração).
Alto	Modificação muito extensa de significância considerável. Extensão da superfície de impacto maior que 5 quilômetros de raio. O efeito pode apresentar qualquer duração, mas é mais provável que dure mais que dois anos.	Modificação muito extensa de gravidade considerável nas condições socioeconômicas e nas atividades econômicas. O efeito pode apresentar qualquer duração, mas é mais provável que dure mais que dois anos.

Fonte: Adaptado de Lima, 2003.

Quadro 4.14 – Exemplo de critérios de importância para AIA

Nível de efeito	Meio físico e biológico	Meio social
Baixo	**Impactos sobre:** Costões rochosos expostos Terraços de abrasão marinha Praias arenosas de granulometria fina(*) **Meio biótico:** Espécies com alta taxa de reprodução (redução)	Interferências na dinâmica socioeconômica pouco significantes.
Médio	**Impactos sobre:** Praias arenosas de granulometria grossa(**) Baixos compactos expostos pelas marés Praias mistas de areia e cascalho **Meio biótico:** Espécies importantes para a cadeia alimentar (redução)	Perda do bem-estar dos grupos afetados, devido à restrição de uso. Interferências com os processos socioeconômicos significativas, porém localizadas.
Alto	**Impactos sobre:** Praias de cascalho(***) Costas rochosas abrigadas Regiões entremarés abrigadas Manguezais e corais **Meio biótico:** Espécies raras, endêmicas ou ameaçadas de extinção Biodiversidade (redução) Comportamento – migração, alimentação e reprodução (alteração)	Alteração, mesmo que temporária, dos recursos utilizados por uma determinada comunidade para a sua sobrevivência. Interferências nos processos socioeconômicos representam grandes mudanças na região de interesse.

Fonte: Adaptado de Lima, 2003.

(*) Praias onde o sedimento predominante apresenta granulometria entre 0,0625 e 0,25 mm.
(**) Praias onde o sedimento predominante apresenta granulometria entre 0,25 e 2,00 mm.
(***) Praias onde o sedimento predominante apresenta granulometria maior que 2,00 mm.

Quadro 4.15 – Exemplo de critérios de frequência para AIA

Nível de efeito	Definição
Baixo	Efeito altamente improvável, em função dos controles ativos existentes (por exemplo, entre 2-20%, impacto a partir de risco conhecido, mas muito raro em circunstâncias similares).
Médio	O efeito pode ocorrer pouco frequentemente durante operações normais, mas em função de falha nos controles (isto é, falta de manutenção de um dispositivo de proteção) ele pode acontecer mais facilmente (por exemplo, entre 20-70%, impacto a partir de um risco conhecido em circunstâncias similares, mas não acontecendo rotineiramente). Poderia acontecer facilmente sob condições anormais de operação, tais como partidas, paradas ou manutenções não planejadas.
Alto	Dadas as condições de controle existentes, o efeito pode ocorrer durante operações normais (por exemplo, acima de 70%, impacto a partir de risco sabidamente rotineiro e não necessariamente em condições similares).

Fonte: Adaptado de Lima, 2003.

Nesse exemplo, os critérios estabelecidos para a avaliação dos impactos ambientais quanto aos atributos *frequência*, *magnitude* e *importância* levam em consideração as medidas de controle aplicáveis, mas não as mitigadoras. Com base nessa premissa, adotaram-se valores para cada atributo estabelecido, conforme Tabela 4.3 a seguir.

Tabela 4.3 – Exemplo de valores atribuídos para AIA

Frequência/Magnitude/Importância	Valoração
Baixo	1
Médio	5
Alto	10

Fonte: Adaptado de Lima, 2003.

Assim, é possível agregar diferentes impactos com base na combinação de atributos (por exemplo, magnitude e frequência), na ponderação de atributos (pode-se considerar um atributo mais importante que outro em determinado caso, atribuindo pesos diferenciados para cada um deles) ou em análise multicritério, para então comparar diferentes alternativas em um estudo de AIA, indicando a seleção daquela que apresentar o menor impacto. Existem diversos métodos para os diferentes tipos de agregação. A seguir, destacamos três que vêm sendo cada vez mais utilizados: superposição de mapas, modelos matemáticos e de simulação e lógica *fuzzy*.

4.1.5 Superposição de mapas

Nesse método, são utilizados diferentes mapas temáticos para a avaliação ambiental. O método de superposição de mapas auxilia na formulação e visualização de alternativas e serve de base para a análise comparativa entre elas, além de possibilitar a avaliação de impactos cumulativos e sinérgicos. Normalmente é utilizado para avaliação de projetos lineares, como linhas de transmissão, rodovias e dutos. Podem ser utilizados como elementos de avaliação: mapas de unidades de conservação, suscetibilidade à erosão, áreas indígenas, áreas alagadas, áreas urbanas, rodovias, mapas de vegetação, entre outros.

O uso cada vez mais frequente de sistemas de informações geográficas (SIG) vem ampliando ainda mais a presença desse método, pois ele permite de maneira automática e rápida a criação e a análise de alternativas, contribuindo assim com o processo de tomada de decisão.

A Figura 4.2 apresenta o exemplo de um mapa resultante de uma avaliação ambiental de alternativas de corredores para construção de um gasoduto (Matos et al., 2014). O resultado obtido é superposto ao mapa de uso de solo e vegetação da área de estudo. A área azul representa o corredor viável considerando áreas protegidas, áreas alagadas e rodovias existentes.

Figura 4.2 – Mapa com seleção de alternativa de corredor para implantação de um gasoduto utilizando a metodologia de superposição de cartas

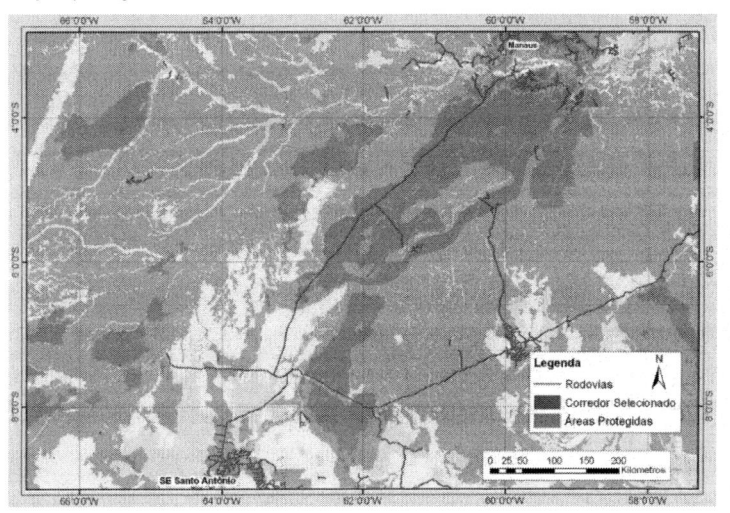

Fonte: Matos et al., 2014.

4.1.6 Modelos matemáticos e de simulação

Os modelos matemáticos e de simulação têm sido bastante utilizados principalmente quando se deseja prever interferências referentes a qualidade de ar, água, ruídos, erosão, hidrologia etc. Um exemplo bastante comum, até mesmo nos EIA, são os modelos de dispersão de poluentes atmosféricos. No caso de construção de indústrias com elevado índice de poluição atmosférica ou usinas termelétricas, esse tipo de modelo fornece uma previsão das concentrações dos diferentes poluentes em um amplo raio de distância do local da emissão; ele considera não só a fonte emissora, mas também sua correlação com fatores meteorológicos diversos, como a intensidade e a direção dos ventos. Dessa forma, é possível identificar previamente se haverá ou não violação dos padrões estabelecidos pela legislação ambiental vigente.

Outros exemplos bastante comuns de utilização de modelos são os estudos de propagação de ruídos (um importante impacto ambiental associado a diversas indústrias, como as mineroindústrias), de qualidade da água e propagação de poluição na água, de simulação de vazamentos de petróleo, de riscos ambientais, erosão, sedimentação e de modelos de previsão de efeitos hidrológicos e hidrodinâmicos.

Uma das vantagens do seu uso é a possibilidade de simular diversos cenários e avaliar tanto a pior quanto a melhor situação possível, antes que ela aconteça. Isso ajuda não apenas na medição dos impactos, mas também na definição de medidas de controle e mitigadoras e na elaboração de programas. Entre as desvantagens, estão os erros associados a qualquer tipo de simulação – quanto mais complexo o caso, maior o erro associado. Uma forma de reduzir os erros é calibrar constantemente os modelos com dados reais atualizados. Apesar desse fato, o uso de modelos de simulação é bastante interessante para a comparação de alternativas, por ser rápido e de baixo custo.

4.1.7 Modelo *fuzzy*

A lógica *fuzzy*, também conhecida como *difusa*, tem sua origem nos estudos feitos na década de 1960 por Lotfi A. Zadeh.

Conforme descrito em Garcia et al. (2007), em 1965 Zadeh publicou um artigo no qual avaliava o grau de pertinência de um determinado elemento em relação a um dado conjunto. Essa abordagem foi considerada inovadora, pois se diferenciava da lógica tradicional originária da filosofia grega, que verificava simplesmente o fato de o elemento pertencer ou não ao conjunto. O grau de pertinência assume valores entre zero e um; esses extremos representam, respectivamente, a completa exclusão e a total pertinência do elemento analisado em relação a um determinado conjunto *fuzzy*. É importante ressaltar que o grau de pertinência não representa uma medida ou valor probabilístico; na verdade, trata-se de uma medida da compatibilidade do objeto analisado com o conceito representado pelo conjunto *fuzzy* (John; Reza, 1999).

> A utilização de variáveis linguísticas em substituição às variáveis numéricas representa outra grande inovação da lógica *fuzzy* em relação à tradicional lógica booleana. As variáveis linguísticas admitem como valores expressões linguísticas como "muito grande", "pouco frio", "mais ou menos jovem", que são representadas pelos conjuntos nebulosos. (Garcia et al., 2007, p. 537)

Esse tipo de tratamento possibilita avaliar tanto aspectos quantitativos quanto qualitativos, além de permitir incluir a participação de especialistas e também das partes interessadas afetadas por um empreendimento; seu uso pode ser bastante interessante em estudos de AIA. Por fim, possibilita a consideração de diferentes atributos dos impactos e a avaliação de cumulatividade e sinergia entre eles.

As figuras 4.3 e 4.4, a seguir, apresentam exemplos de redes de decisão *fuzzy*.

Figura 4.3 – Rede de decisão *fuzzy* para avaliação de pressões e ameaças em uma Unidade de Conservação de Proteção Integral

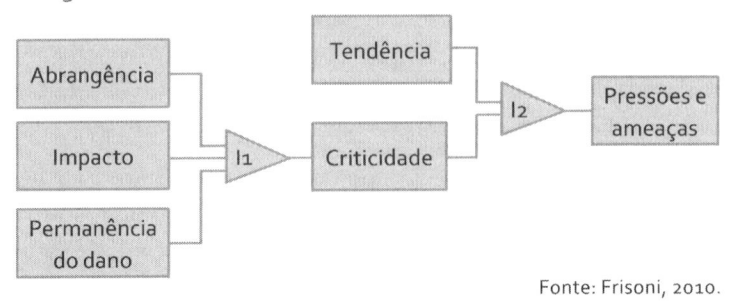

Fonte: Frisoni, 2010.

Figura 4.4 – Rede *fuzzy* para avaliação socioambiental de projetos de responsabilidade social empresarial

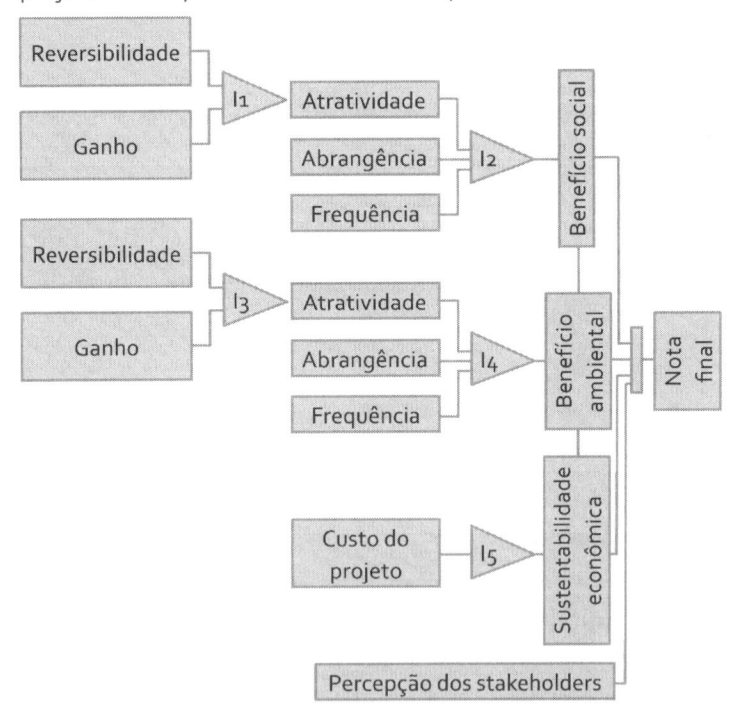

Fonte: Garcia et al., 2007.

Concluindo, cabe citar a afirmação de Canter (1998) de que cada método de AIA apresenta uma aplicação diferente, dependendo da etapa em que é utilizado no processo de AIA. O Quadro 4.16 esclarece essa afirmação, apresentando os métodos mais usualmente utilizados em estudos de AIA.

Quadro 4.16 – Aplicabilidade de métodos de AIA segundo etapas do processo de avaliação de impacto

Etapa do processo	Metodologias		Utilidade relativa
Identificação de impactos	Matrizes	Simples	Alta
		Em etapas	Média
	Diagrama de redes		Alta
	Listas de controle	Simples	Média
		Descritivas	Média
Descrição do meio afetado	Matrizes	Simples	Baixa
		Em etapas	
	Diagrama de redes		
	Listas de controle	Simples	Alta
		Descritivas	
Previsão e avaliação dos impactos	Matrizes	Simples	Média
		Em etapas	Média
	Diagrama de redes		Média
	Listas de controle	Descritivas	Alta
		Escalas, pontuações, hierarquia	Baixa
Seleção da ação proposta, segundo valoração de alternativas	Matrizes	Simples	Média
		Em etapas	Baixa
		Escalas, pontuações, hierarquia	Média
	Listas de controle	Escalas-peso, pontuações, hierarquias	Alta
Resumo e comunicação do estudo	Matrizes	Simples	Alta
		Em etapas	Baixa
	Listas de controle	Simples	Média

Fonte: Canter, 1998.

Assim, observamos que o conhecimento de cada caso estudado, bem como dos métodos de AIA, é essencial para a escolha da melhor alternativa e a garantia de sua adequação.

Síntese

Neste capítulo, você aprendeu diversas etapas da AIA e diferentes métodos empregados para realizar a avaliação de acordo com cada caso. Vamos relembrá-los?

As principais etapas da AIA são:

- correlação de cada uma das atividades previstas com os respectivos aspectos ambientais;

- identificação de possíveis impactos ambientais;

- previsão (definição da magnitude) e avaliação da significância dos impactos.

Em relação aos métodos para realizar as AIA, existem dois grandes grupos: os métodos tradicionais de avaliação (por exemplo: análise custo-benefício) e os calcados na utilização de pesos escalonados. Esses últimos podem ainda ser de dois tipos:

1. Métodos preponderantemente de identificação e sintetização de impactos. Exemplos: metodologias espontâneas (*Ad Hoc*), listagens (*Checklist*), matrizes de interações (por exemplo Matriz de Leopold), redes de interações (*networks*) e superposição de mapas (*overlays*) (Moura; Oliveira, 2014).

2. Métodos preponderantemente de avaliação (explicita bases de cálculos ou ótica de diferentes atores). Exemplos: Battelle,

metodologias quantitativas, modelos de simulação e projeção de cenários, entre outros (Moura; Oliveira, 2014).

Questões para revisão

1. Quais são os métodos de AIA preponderantemente de identificação e sintetização de impactos?
2. Quais são os métodos preponderantemente de avaliação?
3. Quais são as principais etapas da AIA? Assinale a alternativa correta:
   a) Correlação de cada uma das atividades previstas com os respectivos aspectos ambientais (informações contidas na análise ambiental), identificação do maior número de possíveis impactos ambientais e previsão (definição da magnitude) e avaliação da significância dos impactos segundo critérios estabelecidos relevantes ao projeto, considerando riscos ambientais, exigências legais e interesses da comunidade.
   b) Correlação de cada uma das atividades previstas com os respectivos aspectos ambientais (informações contidas na análise ambiental) previsão (definição da magnitude) e avaliação da significância dos impactos segundo critérios estabelecidos relevantes ao projeto, considerando riscos ambientais, exigências legais e interesses da comunidade.
   c) Identificação do maior número de possíveis impactos ambientais e previsão (definição da magnitude) e avaliação da significância dos impactos segundo critérios estabelecidos relevantes ao projeto, considerando riscos ambientais, exigências legais e interesses da comunidade.

d) Identificação do maior número de possíveis impactos ambientais e previsão (definição da magnitude) segundo critérios estabelecidos relevantes ao projeto, considerando riscos ambientais, exigências legais e interesses da comunidade.
e) Nenhuma das alternativas anteriores está correta.

4. São características da Matriz de Leopold:
   a) A Matriz de Leopold contém 100 colunas que representam as ações do projeto e 88 linhas relativas aos fatores ambientais, o que torna possível um total de 8.800 possíveis interações.
   b) Na prática, pode-se fazer uso de matrizes reduzidas.
   c) Por ser bastante abrangente, o método é muito utilizado, pois facilita a comparação de projetos ou alternativas de um mesmo projeto. No entanto, caso não haja a identificação das inter-relações, pode haver uma dupla contagem dos impactos. É preciso ainda cuidado para fixar critérios de relevância e ponderação para garantir coerência e compatibilização de escalas dos impactos.
   d) Todas as alternativas anteriores estão corretas.
   e) Estão corretas apenas as alternativas a e c.

5. Classifique as afirmativas a seguir como verdadeiras (V) ou falsas (F):
   ( ) Um dos métodos de avaliação utilizados tem como princípios os fundamentos da lógica *fuzzy*, com base na definição de variáveis booleanas.
   ( ) O uso de sistemas de informações geográficas (SIG) para avaliação de impactos ambientais é incompatível com outros modelos de avaliação, como os matemáticos e de simulação; o analista deve optar pelo uso de um único tipo.

( ) A legislação brasileira define claramente critérios de magnitude e importância para diferentes tipologias de impactos ambientais para alguns conjuntos de empreendimentos.

Questão para reflexão

Pesquise no *site* do Ibama (http://www.ibama.gov.br) um EIA e tente identificar qual método de AIA foi utilizado. Procure observar se o método é preponderantemente de identificação e sintetização ou de avaliação de impactos. Como você avalia a utilização do método? Você usaria outro ou avaliaria os impactos descritos utilizando diferentes critérios? Reflita criticamente a respeito e discuta com seus colegas.

Sugestão para o professor

Separe a turma em grupos e proponha que avaliem um EIA sob o ponto de vista do método de AIA utilizado. Posteriormente, proponha que cada um apresente resumidamente o estudo e discuta com a classe a análise do grupo, conforme a questão para reflexão proposta.

Para saber mais

Para saber mais sobre modelos matemáticos e de simulação utilizados na AIA, consulte a seguinte referência:

CAVALCANTI, P. M. P. S. Modelo de gestão da qualidade do ar: abordagem preventiva e corretiva. Rio de Janeiro: UFRJ/Coppe, 2010.

5

Medidas mitigadoras, compensatórias e programas socioambientais

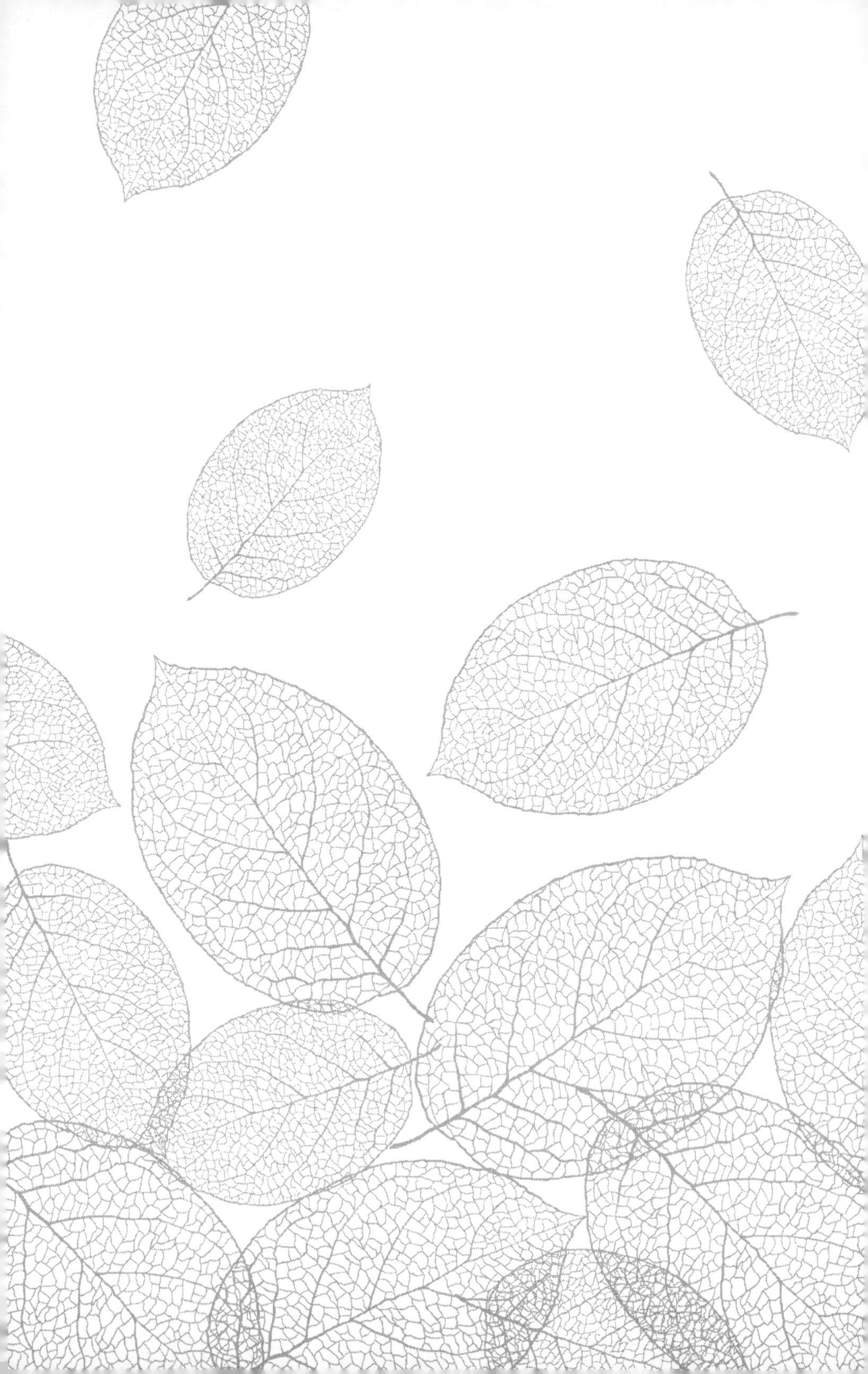

Conteúdos do capítulo

- Medidas de controle e mitigação.
- Compensação ambiental.
- Programas socioambientais.

Após o estudo deste capítulo você será capaz de:

1. identificar medidas de controle e mitigação adequadas para um dado estudo de avaliação de impactos ambientais (AIA);
2. definir programas socioambientais no âmbito do licenciamento ambiental de um dado empreendimento.

Uma vez identificados e avaliados os impactos e feita a seleção da melhor alternativa, inicia-se o trabalho de construção das medidas de mitigação, identificação do quantitativo de compensação ambiental e delineamento dos programas ambientais.

Definem-se como medidas de controle aquelas que visam a evitar a ocorrência (total ou parcial) dos impactos socioambientais de um projeto ou empreendimento (Brasil, 2002b; Brasil, 2005a). Um exemplo é a implantação de filtros objetivando a redução de emissões atmosféricas de gases como óxidos de enxofre e nitrogênio na operação de uma refinaria de petróleo.

Já as medidas mitigadoras são ações que buscam atenuar os efeitos negativos do empreendimento, ou seja, reduzir as consequências dos impactos socioambientais (Brasil, 2002b; Brasil, 2005a). Um exemplo é a implantação de um programa de saúde para uma população atingida pela construção de uma indústria de produtos químicos.

As medidas compensatórias são aquelas direcionadas para compensar a perda de elementos importantes do ecossistema, do ambiente construído, do patrimônio cultural ou de relações sociais, bem como os impactos causados pelo projeto ou empreendimento (Brasil, 2002b; Brasil, 2005b). Um exemplo é a recuperação de uma área degradada em virtude da eliminação de vegetação nativa para implantação de linhas de transmissão de energia elétrica.

Com base na avaliação de impacto ambiental (AIA), deverão ainda ser identificadas ações que possam maximizar os impactos benéficos do projeto – como o estabelecimento, por parte do empreendedor, de um sistema de prevenção e alarme para controle de cheias, viabilizado com a construção de uma usina hidrelétrica com reservatório de regularização.

Todas as medidas mencionadas devem ser implantadas visando tanto à recuperação quanto à conservação do meio ambiente, bem como ao aproveitamento das novas condições a serem criadas pelo empreendimento; todas as medidas precisam ser consubstanciadas em programas ambientais (Brasil, 2002b; Brasil, 2005b).

Os programas ambientais normalmente são propostos pelo órgão ambiental no termo de referência para elaboração do EIA/Rima e têm como objetivo estabelecer procedimentos para dirimir as interferências sobre o meio ambiente nas fases de implantação, operação e manutenção do empreendimento.

As medidas de controle, mitigadoras e compensatórias, assim como os programas ambientais, variam de acordo com a natureza do empreendimento em questão, a localização e os impactos a ele associados. Além disso, na proposição das medidas devem ser considerados (Brasil, 2005b):

- o componente ambiental afetado;
- a fase do empreendimento em que deverão ser implementadas;
- o caráter preventivo ou corretivo de sua eficácia;
- o agente executor, com definição de responsabilidades.

Durante a implementação das medidas, em especial aquelas vinculadas ao meio socioeconômico, deve haver a participação da população diretamente afetada pelo empreendimento, assim como de outros atores sociais relevantes, como parceiros institucionais, de modo a inserir o empreendimento no contexto local, o que será possibilitado por meio de procedimentos de comunicação social. Os programas propostos devem estar integrados com a monitoração ambiental da área de influência, com o objetivo de acompanhar a evolução da qualidade ambiental e permitir a adoção de medidas complementares que se façam necessárias (Brasil, 2005b).

Devem ainda ser propostos programas para a avaliação sistemática da implantação e operação do empreendimento, visando acompanhar a evolução dos impactos previstos, a eficiência e a eficácia das medidas de controle, além de identificar a necessidade de adoção de medidas complementares.

5.1 Planos e programas

Os planos e programas para avaliação sistemática da implantação e operação do empreendimento deverão conter:

- objetivos;
- justificativas;
- público-alvo;
- fase do empreendimento em que serão implementados em relação às ativididades previstas e à inter-relação com outros programas;
- procedimento metodológico;
- metas e atividades;
- cronograma;
- recursos necessários;
- atendimento a requisitos legais e/ou outros requisitos;
- acompanhamento e avaliação.

Normalmente, os seguintes planos e programas são exigidos pelos órgãos ambientais nos termos de referência:

- Plano de gestão ambiental (PGA) – O PGA do empreendimento é importante para que o próprio empreendedor, o órgão ambiental e a sociedade possam supervisionar e acompanhar sua implantação e operação. É importante que haja um programa que consolide e trate de maneira integrada os impactos ambientais identificados em cada etapa da implantação e operação do empreendimento em questão. Assim, o PGA visa principalmente dar diretrizes para o monitoramento e a supervisão ambiental. Em alguns casos, são utilizadas as bases da norma ISO 14001 (Sistemas de Gestão Ambiental) para orientar a sua elaboração.

A gestão ambiental envolve um conjunto de processos e práticas que possibilitam a uma organização reduzir os seus impactos ambientais e aumentar a sua eficiência operacional. Incorpora resumidamente os seguintes itens:

- levantamento de aspectos e impactos: identificação dos elementos das atividades que podem interagir com o meio ambiente (aspectos) e respectivas mudanças causadas no meio ambiente (impactos);

- controle de impactos ambientais: controle dos impactos decorrentes das atividades realizadas nas várias instalações da empresa;

- monitoramento dos impactos: acompanhamento de aspectos ambientais passíveis de sofrerem alterações em virtude da implantação e da operação do empreendimento;

- definição da equipe: descrição da equipe que irá realizar cada uma das atividades mencionadas anteriormente; formação de cada componente e carga de trabalho;

- definição de cronograma: localização no tempo de cada atividade prevista com definição de responsáveis, metas e ações corretivas em caso de atrasos.

- **Programa de gerenciamento de riscos (PGR)** – O PGR tem como objetivo identificar ações para prevenir, reduzir e controlar riscos, evitando assim sua ocorrência e minimizando as consequências de possíveis acidentes capazes de afetar as pessoas e o meio ambiente.

O PGR é subdividido em duas partes: plano de ação para prevenção de riscos (PAPR) e plano de ação a emergências (PAE), precedido por uma análise de riscos. O PAE é um elemento importante do PGR, pois contém as informações e descreve as ações que possibilitam a minimização dos impactos decorrentes da materialização dos perigos identificados em uma instalação, mediante a mobilização de recursos materiais e humanos adequados.

A Resolução Conama n. 293, de 12 de fevereiro de 2001 (Brasil, 2002a), é um exemplo de instrumento do arcabouço legal brasileiro que trata do tema, uma vez que dispõe sobre o conteúdo mínimo do plano de emergência individual (PEI) para incidentes de poluição por óleo, originados em portos organizados, instalações portuárias ou terminais, dutos, plataformas, bem como em suas respectivas instalações de apoio, orientando sua elaboração.

A Figura 5.1 mostra a inter-relação dos estudos de análise de riscos, PGR e PAE.

Figura 5.1 – Análise de riscos, PGR e PAE

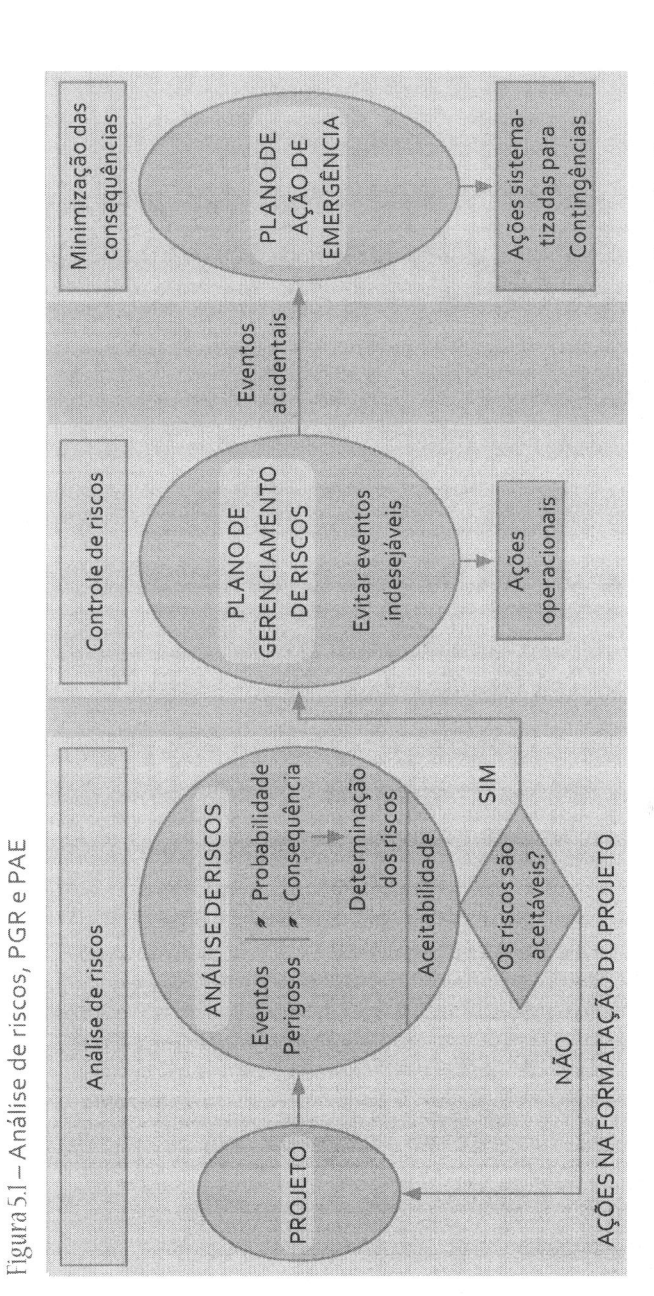

Análise de riscos	Controle de riscos	Minimização das consequências

ANÁLISE DE RISCOS
- Eventos Perigosos
- Probabilidade
- Consequência
- Determinação dos riscos
- Aceitabilidade

Os riscos são aceitáveis?
- NÃO → PROJETO
- SIM → PLANO DE GERENCIAMENTO DE RISCOS → Evitar eventos indesejáveis → Ações operacionais

Eventos acidentais → PLANO DE AÇÃO DE EMERGÊNCIA → Ações sistematizadas para Contingências

AÇÕES NA FORMATAÇÃO DO PROJETO

Fonte: Brasil, 2009b.

- **Programa de comunicação social** – O objetivo principal desse programa é implantar diretrizes e canais oficiais de divulgação das atividades do empreendimento de forma a democratizar e nivelar as informações a seu respeito, permitindo a participação e o envolvimento das partes interessadas – incluindo população direta e indiretamente atingida pelo empreendimento. Para tal, são utilizados diferentes canais de comunicação, como informativos, jornais, rádio e televisão, visando alcançar cada parte interessada da maneira mais apropriada.

    É composto por um conjunto de ações a serem tomadas nas fases de planejamento, construção e operação dos empreendimentos; inclui, por exemplo, a elaboração de instrumentos de comunicação, veiculação e promoção de eventos.

- **Programa de educação ambiental** – De acordo com o anexo do termo de referência para licenciamento ambiental das atividades de produção e escoamento de petróleo e gás elaborado pelo Ibama (Brasil, 2005e),

    > o Programa de Educação Ambiental deverá garantir a participação dos diferentes atores sociais, afetados direta ou indiretamente pela atividade objeto do licenciamento, em todas as etapas do processo. Deverá, ainda, proporcionar meios para a produção e aquisição de conhecimentos e habilidades e contribuir para o desenvolvimento de atitudes, visando à participação individual e coletiva na gestão do uso sustentável e na conservação dos recursos ambientais, bem como, na concepção e aplicação de

decisões que afetam a qualidade ambiental (meios físico-natural e sociocultural).

O Programa deverá ser elaborado consoante os princípios básicos da educação ambiental, definidos no art. 4º da Lei n. 9.795, de 27 de abril de 1999.

Art. 4º São princípios básicos da educação ambiental:

I. o enfoque humanista, holístico, democrático e participativo;
II. a concepção do meio [ambiente] em sua totalidade, considerando a interdependência entre o meio natural, o socioeconômico e o cultural sob o enfoque da sustentabilidade;
III. o pluralismo de ideias e concepções pedagógicas, na perspectiva da inter, multi e transdisciplinaridade;
IV. a vinculação entre a ética, a educação, o trabalho e as práticas sociais;
V. a garantia de continuidade e permanência do processo educativo;
VI. a permanente avaliação crítica do processo educativo;
VII. a abordagem articulada das questões ambientais locais, regionais, nacionais e globais;
VIII. o reconhecimento e o respeito à pluralidade e à diversidade individual e cultural.

Você pode conferir a seguir um exemplo de roteiro para elaboração de um programa de educação ambiental.

I. Contextualização

Descrever, sinteticamente, a natureza do empreendimento, sua localização, os possíveis impactos sobre os meios físico-natural e social em todas as etapas do processo, identificando os grupos sociais que serão direta ou indiretamente afetados.

II. Justificativa

Caracterizar a questão a ser trabalhada, indicando como o programa contribui para a superação dos problemas, conflitos e aproveitamento de potencialidades ambientais tendo em vista os impactos socioambientais gerados pela atividade a ser licenciada e a agenda de prioridades propostas pelos diferentes grupos sociais afetados.

Outro aspecto a ser considerado refere-se à articulação da proposta aos programas e políticas públicas de meio ambiente tais como:

- Gerenciamento costeiro;
- Gerenciamento de bacias hidrográficas;
- Gestão compartilhada do uso sustentável dos recursos pesqueiros;
- Agenda 21;
- Programa nacional de capacitação de gestores ambientais;
- Gestão participativa de unidades de conservação;
- Estatuto da Cidade.

III. Objetivos
Explicitar o(s) objetivo(s) geral (gerais) e específico(s) do programa.

IV. Metodologia
A metodologia é aqui entendida como modo de conceber e organizar a prática educativa para atingir os objetivos. No contexto do Programa de Educação Ambiental com populações afetadas por empreendimentos, como os que se constituem objeto dessas Diretrizes, é fundamental que a metodologia tenha um caráter participativo e dialógico, de forma a permitir o envolvimento efetivo dos sujeitos da ação educativa na construção de projetos que venham ao encontro de suas reais necessidades.

V. Descrição das ações
O programa deverá ser estruturado com base em etapas metodológicas bem definidas, partindo-se, obrigatoriamente, de uma que contemple um diagnóstico participativo com o objetivo de identificar os atores sociais envolvidos e as demandas socioambientais da região, definindo os sujeitos prioritários das ações educativas. As etapas posteriores deverão ser construídas levando-se em conta os resultados do diagnóstico participativo, refletindo as demandas priorizadas pelos sujeitos identificados.

As ações e os conteúdos programáticos que serão desenvolvidos pelo Programa devem estar em consonância com o marco legal das políticas públicas de meio ambiente e de educação ambiental e também articulados com os programas governamentais desenvolvidos na região, fortalecendo, dessa forma, a estrutura do Sistema Nacional do Meio Ambiente (Sisnama).

Deverão ser priorizadas ações educativas de caráter não formal, voltadas para um processo de gestão ambiental específico (por exemplo: gestão dos recursos pesqueiros, gestão de áreas protegidas etc.), definido com base na identificação dos impactos socioambientais do empreendimento.

As ações previstas nas etapas apresentadas na metodologia deverão ser justificadas e descritas, com indicação de propósito, localização, atores sociais envolvidos e interveniência no processo, bem como o período de execução.

As ações de capacitação são entendidas como processos de ensino-aprendizagem, destinadas à produção e aquisição de conhecimentos e habilidades e ao desenvolvimento de atitudes, com vistas a proporcionar condições para a participação individual e coletiva na gestão do uso dos recursos ambientais e nas decisões que afetam a qualidade dos meios físico-natural e social. Da mesma forma, no caso de eventos, é necessário indicar os sujeitos envolvidos (comerciantes e/ou agricultores e/ou representantes da sociedade civil e/ou trabalhadores rurais e/ou pescadores, moradores etc.); o seu caráter (seminários, ciclos de debates, ciclos de palestras, visitas orientadas, eventos de mobilização etc.); a duração média (em horas); o objetivo da ação; a metodologia; o produto esperado; e o processo de avaliação.

Também para ações de outra natureza (que não sejam de capacitação ou de eventos), tais como elaboração de material educativo, publicação de material didático, produção de mudas, é importante apontar o caráter da ação à qual dá suporte (capacitação e/ou evento) e a quantidade de produtos a serem obtidos, definindo o sujeito da ação e o seu propósito.

VI. Especificação das metas

VII. Cronograma de atividades

VIII. Cronograma físico-financeiro

IX. Equipe
A elaboração e implementação do programa deve contar com profissionais especializados/qualificados e com experiência em Programas de Educação Ambiental não-formal, de acordo com os princípios e diretrizes propostos pela Coordenação Geral de Educação Ambiental do Ibama.

X. Avaliação
Explicitar o que será avaliado e apresentar os mecanismos/instrumentos que serão contemplados, incluindo a previsão de:

- utilização de indicadores quantitativos e qualitativos que possibilitem o monitoramento e a avaliação do programa;

- instâncias de monitoramento e avaliação do programa compostas por representantes dos diferentes grupos sociais envolvidos (conselho, observatório, fórum etc.);

- supervisão e acompanhamento para avaliação permanente do programa, com a contratação de especialistas definidos pelo Ibama.

Fonte: Brasil, 2005a.

Além dos programas mais usuais descritos, outros são ainda bastante comuns e têm conteúdo variado de forma mais específica de acordo com o tipo de empreendimento. Trataremos deles a partir de agora.

- **Programa de proteção ao patrimônio cultural (arqueológico, histórico, artístico e paisagístico)** – Esse programa tem por objetivo a preservação, o resgate (quando necessário), o registro e a divulgação do patrimônio cultural (considerado pela legislação). Para elaboração desse tipo de programa, deve-se observar: a Lei n. 3.924, de 26 de julho de 1961 (Brasil, 1961), que dispõe sobre os monumentos arqueológicos e pré-históricos; o Decreto-Lei n. 25, de 30 de novembro de 1937 (Brasil, 1937), que organiza a proteção do Patrimônio Histórico e Artístico Nacional, além da Constituição Federal (arts. 23, 24, 215 e 216) e do Decreto n. 3.551, de 4 de agosto de 2000 (Brasil, 2000a), sobre o registro de bens culturais de natureza imaterial, no que se refere às normas sobre a entrada e saída de obras de arte do país; o Decreto Legislativo n. 74, de 30 de junho de 1977 (Brasil, 1977), que aprovou o texto da Convenção à Proteção do Patrimônio Mundial, Cultural e Natural, o qual define Patrimônio Cultural e Natural; e o Decreto n. 5.753, de 12 de abril de 2006 (Brasil, 2006a), que aprovou a Convenção para a Salvaguarda do Patrimônio Cultural Imaterial, adotada em Paris, em 2003.

- **Programa de monitoramento da qualidade da água** – Esse programa tem como objetivo analisar a evolução da qualidade da água e sua contaminação por meio de análises biológicas, ecotoxicológicas e físico-químicas. Esse monitoramento é importante para que seja possível acompanhar a dinâmica tanto dos sistemas naturais quanto dos sistemas antrópicos, além de fornecer informações importantes para o monitoramento de outros programas como o de fauna e flora. Dependendo do tipo de empreendimento, os dados de qualidade da água também podem ser importantes para a própria operação.

De acordo com a Resolução Conama n. 357, de 17 de março de 2005 (Brasil, 2005a), que dispõe sobre a classificação dos corpos de água e as diretrizes ambientais para o seu enquadramento, estabelecendo condições e padrões de lançamento de efluentes e oferecendo outras providências, o monitoramento consiste na "medição ou verificação de parâmetros de qualidade e quantidade de água, que pode ser contínua ou periódica, utilizada para acompanhamento da condição e controle da qualidade do corpo de água".

Além dessa resolução, devem ainda ser consideradas quando da elaboração de programas de monitoramento da qualidade da água: a Resolução Conama n. 274, de 29 de novembro de 2000 (Brasil, 2000c), que dispõe sobre a balneabilidade; a Lei n. 9.433, de 8 de janeiro de 1997 (Brasil, 1997), que instituiu a Política Nacional dos Recursos Hídricos e demais normas aplicáveis à matéria; e a própria Constituição Federal e Lei n. 6.938, de 31 de agosto de 1981 (Brasil, 1981), que visam a controlar o lançamento de poluentes no meio ambiente, proibindo o lançamento em níveis nocivos ou perigosos para os seres humanos e outras formas de vida.

- **Programa de monitoramento de flora** – O programa pode contemplar a criação ou complementação de banco de germoplasma, implantação de arboreto florestal/viveiro de mudas, aproveitamento científico e cultural da flora, repasse e divulgação dos estudos referentes à vegetação.

- **Programa de supressão de vegetação** – O programa tem como objetivo manter os parâmetros relacionados à biodiversidade, definindo uma estratégia capaz de otimizar os procedimentos de supressão. Normalmente, é complementado pelo programa de monitoramento e resgate de fauna.

- **Programa de monitoramento de ruídos** – Todo empreendimento deve atender aos limites de ruídos definidos nas normas nacionais e internacionais; porém, o monitoramento contínuo ainda é necessário. Muitas vezes, mesmo quando os níveis estão dentro dos limites estabelecidos, a população pode demandar níveis mais baixos. No programa de monitoramento de ruídos são especificadas as ações necessárias para a redução e a manutenção dos níveis aceitáveis de ruídos – como construção de barreiras acústicas, modificação de *layout* e substituição de equipamentos e acessórios, dentre outras.

- **Programa de recuperação de áreas degradadas** – A construção de empreendimentos de grande porte (como estradas, complexos industriais, usinas hidrelétricas e linhas de transmissão), os quais envolvem grandes obras civis, costuma causar impactos na cobertura vegetal, seja pela abertura de faixa de passagem e de estradas de acesso, seja pelo próprio canteiro de obras que pode demandar algum desmatamento e terraplenagem. Assim, os programas de recuperação de áreas degradadas têm como objetivo a recomposição das áreas que sofreram algum tipo de alteração provocada pela implantação do empreendimento. Esses programas devem prever atividades como limpeza da área, reafeiçoamento do terreno, preparo do solo, recomposição vegetal (previsão de mudas, plantio, irrigação etc.), manutenção e gestão do projeto.

- **Programa de prevenção, monitoramento e controle de processos erosivos** – Esse programa engloba uma série de ações de controle aos processos erosivos, como definição das características dos solos, proteção de encostas ou nascentes pela preservação da vegetação ou por replantio, contenção de talude e controle e tratamento das águas devolvidas aos cursos d'água.

- **Plano de controle ambiental (PCA) e plano básico ambiental (PBA)** – Posteriormente, no momento da solicitação da licença de instalação (LI), todas as ações e medidas minimizadoras, compensatórias e potencializadoras de impactos ambientais prognosticados pelo EIA devem ser colocadas no chamado PCA ou no PBA. A efetivação e o acompanhamento ocorrem por meio de equipe multidisciplinar, composta por profissionais de diferentes áreas de abrangência, conforme as medidas a serem implementadas.

O PCA ou PBA devem conter, no mínimo, as seguintes informações:

- identificação do estabelecimento – razão social, localização e natureza do empreendimento;
- descrição dos impactos/interferências que ocorrerão no transcorrer da obra e indicação e descrição das

medidas mitigadoras propostas, de acordo com as informações apresentadas no EIA, no relatório ambiental simplificado (RAS) ou no relatório ambiental preliminar (RAP), conforme o caso;

- descrição das ações de controle dos impactos/interferências apontados no item anterior;

- descrição de método de registro que comprove o controle dos impactos/interferências (fotos, relatórios, fichas de registro, CTR's, documentos fiscais etc.).

- No setor de mineração, as exigências referentes à elaboração do PCA estão descritas na Resolução Conama n. 9, de 3 de dezembro de 1987 (Brasil, 1990b), e na Resolução Conama n. 10, de 3 de dezembro de 1987 (Brasil, 1988d), para a concessão de LI de atividade de extração mineral. No setor elétrico, o PBA é determinado pela Resolução Conama n. 6, de 16 de setembro de 1987 (Brasil, 1987b). Os PCA/PBA são ainda importantes como subsídios para a elaboração do relatório final da obra, a ser entregue quando da solicitação da licença de operação (LO) ambiental.

- Apesar de o PCA e o PBA serem exigências específicas de empreendimentos do setor mineral e do setor elétrico, respectivamente, ambos têm sido solicitados também para o licenciamento de outros tipos de atividades.

5.2 Compensação ambiental

A compensação ambiental (CA) decorrente dos impactos causados pela implantação de empreendimentos de significativo impacto ambiental – assim considerados pelo órgão ambiental competente, com fundamento no EIA e no Rima – determina a obrigatoriedade de o empreendedor apoiar a implantação e manutenção de unidades de conservação do Grupo de Proteção Integral, conforme menciona a Lei n. 9.985, de 18 de junho de 2000 (Brasil, 2000b), que institui o Sistema Nacional de Unidades de Conservação da Natureza (Snuc).

Da mesma forma, a Resolução Conama n. 371, de 5 de abril de 2006 (Brasil, 2006b), estabelece diretrizes aos órgãos ambientais para cálculo, cobrança, aplicação, aprovação e controle de gastos de recursos advindos de compensação ambiental. Tal cálculo está descrito no Decreto n. 4.340, de 22 de agosto de 2002 (Brasil, 2002a), e complementado pelo Decreto n. 6.848, de 14 de maio de 2009 (Brasil, 2009a); de forma resumida, é determinado pelo produto do grau de impacto (GI) e pelo valor de referência (VR).

De acordo com os referidos decretos, o órgão ambiental licenciador estabelecerá o GI ambiental causado pela implantação de cada empreendimento, fundamentado em base técnica específica que possa avaliar os impactos negativos e não mitigáveis aos recursos ambientais identificados no processo de licenciamento, de acordo com o EIA/Rima. Para estabelecimento do GI, serão considerados somente os impactos ambientais causados aos recursos ambientais (atmosfera, águas interiores, superficiais e subterrâneas, estuários, mar territorial, solo, subsolo, elementos da biosfera, fauna e flora).

Para o cálculo do percentual, o órgão ambiental licenciador deverá elaborar instrumento específico com base técnica. Assim, o EIA/Rima deverá conter as informações necessárias para a determinação do GI no chamado *plano de compensação ambiental*. O GI nos ecossistemas pode atingir valores de 0 a 0,5%; porém, em virtude de sua natureza altamente subjetiva, tem-se utilizado usualmente o valor máximo de 0,5%.

Já o VR representa o somatório dos investimentos necessários para implantação do empreendimento, não incluídos os valores referentes a planos, projetos e programas exigidos no procedimento de licenciamento ambiental para mitigação de impactos causados, bem como encargos e custos incidentes sobre o financiamento. As informações necessárias ao cálculo do VR deverão ser apresentadas pelo empreendedor ao órgão licenciador antes da emissão da LI.

Novamente, o cálculo da compensação ambiental é realizado pelo Ibama, seguindo a equação: $CA = VR \times GI$.

A fixação do montante da compensação ambiental e a celebração do termo de compromisso correspondente deverão ocorrer no momento da emissão da LI. Fixado em caráter final o valor da compensação, o Ibama definirá sua destinação, depois de ouvir o Instituto Chico Mendes de Conservação da Biodiversidade (ICMbio). A aplicação dos recursos da compensação ambiental nas unidades de conservação, existentes ou a serem criadas, deve obedecer à seguinte ordem de prioridade:

I. regularização fundiária e demarcação das terras;

II. elaboração, revisão ou implantação de plano de manejo;

III. aquisição de bens e serviços necessários à implantação, gestão, monitoramento e proteção da unidade, compreendendo sua área de amortecimento;

IV. desenvolvimento de estudos necessários à criação de nova unidade de conservação; e

V. desenvolvimento de pesquisas necessárias para o manejo da unidade de conservação e da área de amortecimento.

Nos casos de reserva particular do patrimônio natural, monumento natural, refúgio de vida dilvestre, área de relevante interesse ecológico e área de proteção ambiental, quando a posse e o domínio não forem do Poder Público, os recursos da compensação somente poderão ser aplicados para custear as seguintes atividades:

I. elaboração do plano de manejo ou em atividades de proteção da unidade;

II. realização de pesquisas necessárias para o manejo da unidade, sendo vedada a aquisição de bens e equipamentos permanentes;

III. implantação de programas de educação ambiental; e

IV. financiamento de estudos de viabilidade econômica para uso sustentável dos recursos naturais da unidade afetada.

Síntese

Neste capítulo, apresentamos as diferenças entre medidas de controle, mitigação e compensação ambiental. Vamos relembrar?

Medidas de controle: visam a evitar a ocorrência (total ou parcial) dos impactos socioambientais de um projeto ou empreendimento (Brasil, 2002; Brasil, 2005).

Medidas mitigadoras: ações para atenuar os efeitos negativos do empreendimento, ou seja, reduzir as consequências dos impactos socioambientais (Brasil, 2002; Brasil, 2005).

Medidas compensatórias: voltadas para compensar a perda de elementos importantes do ecossistema, do ambiente construído, do patrimônio cultural ou de relações sociais, bem como os impactos causados pelo projeto ou empreendimento (Brasil, 2002; Brasil, 2005).

O capítulo também esclareceu mais detalhadamente os principais programas socioambientais considerados para o monitoramento dos impactos identificados nas avaliações ambientais. Você lembra quais são eles? Temos o plano de gestão ambiental, o programa de gerenciamento de riscos, o programa de educação ambiental, o programa de proteção ao patrimônio cultural, o programa de monitoramento da qualidade da água, o programa de monitoramento da flora, o programa de supressão de vegetação, o programa de monitoramento de ruídos e o programa de recuperação de áreas degradadas, entre outros.

Questões para revisão

1. Diferencie medidas de controle, mitigação e compensação.

2. Quais os tipos de programas comumente apresentados nos EIA?

3. No que tange à compensação ambiental, é correto afirmar que, nos casos de reserva particular do patrimônio natural, monumento natural, refúgio de vida silvestre, área de relevante interesse ecológico e área de proteção ambiental,

quando a posse e o domínio não forem do poder público, os recursos da compensação somente poderão ser aplicados para custear as seguintes atividades:
a) Elaboração do plano de manejo ou de atividades de proteção da unidade.
b) Realização das pesquisas necessárias para o manejo da unidade, sendo vedada a aquisição de bens e equipamentos permanentes.
c) Implantação de programas de educação ambiental e financiamento de estudos de viabilidade econômica para uso sustentável dos recursos naturais da unidade afetada.
d) Todas as alternativas anteriores estão corretas.
e) Nenhuma das alternativas anteriores está correta.

4. Sobre o PGR, é correto afirmar que:
a) tem como objetivo identificar ações para prevenir, reduzir e controlar riscos, evitando assim a ocorrência e minimizando as consequências de possíveis acidentes que afetem as pessoas e o meio ambiente.
b) é subdividido em duas partes: PAPR e o PAE, precedido por uma análise de riscos. O PAE é um elemento importante do PGR, pois contém informações relevantes, além de descrever as ações que possibilitam a minimização dos impactos decorrentes da materialização dos perigos identificados em uma instalação, mediante a mobilização de recursos materiais e humanos adequados de resposta.
c) a Resolução Conama n. 293, é um exemplo de instrumento do arcabouço legal brasileiro que trata do tema, uma vez que dispõe sobre o conteúdo mínimo do PEI para incidentes de poluição por óleo originados em portos organizados, instalações portuárias ou terminais, dutos,

plataformas, bem como suas respectivas instalações de apoio; e também orienta sua elaboração.
d) Todas as alternativas anteriores estão corretas.
e) Nenhuma das alternativas está correta.

5. Classifique as afirmativas a seguir como verdadeiras (V) ou falsas (F):
( ) A compensação ambiental, de acordo com a legislação brasileira, é sempre igual, independendo do grau de impacto do projeto.
( ) Alguns EIA não precisam apresentar programas socioambientais em seu conteúdo.
( ) Medidas de controle visam a atenuar os efeitos negativos dos projetos.

Questão para reflexão

Pesquise no site do Ibama (http://www.ibama.gov.br) dois Rima de plataformas de E&P de petróleo em duas regiões diferentes do Brasil. Identifique em cada um deles os programas ambientais descritos. Compare os programas de um Rima com o do outro e responda: Quais as similaridades e diferenças? Você consegue imaginar a razão para as similaridades e diferenças nos programas, apesar de tratarem do mesmo tipo de empreendimento?

Sugestão para o professor

Divida a turma em grupos e proponha que avaliem um Rima sob o ponto de vista dos programas ambientais apresentados. Posteriormente, peça que cada um apresente resumidamente o estudo e discuta com a classe a análise do grupo, conforme a questão para reflexão proposta.

Para saber mais

Novamente, consulte o *site* do Ibama ou do órgão ambiental do seu estado: procure a parte de licenciamento ambiental EIA/Rima disponibilizada para consultas e identifique as diferentes medidas de controle e mitigação apresentadas e os diferentes programas ambientais propostos.

6

Estudos de caso

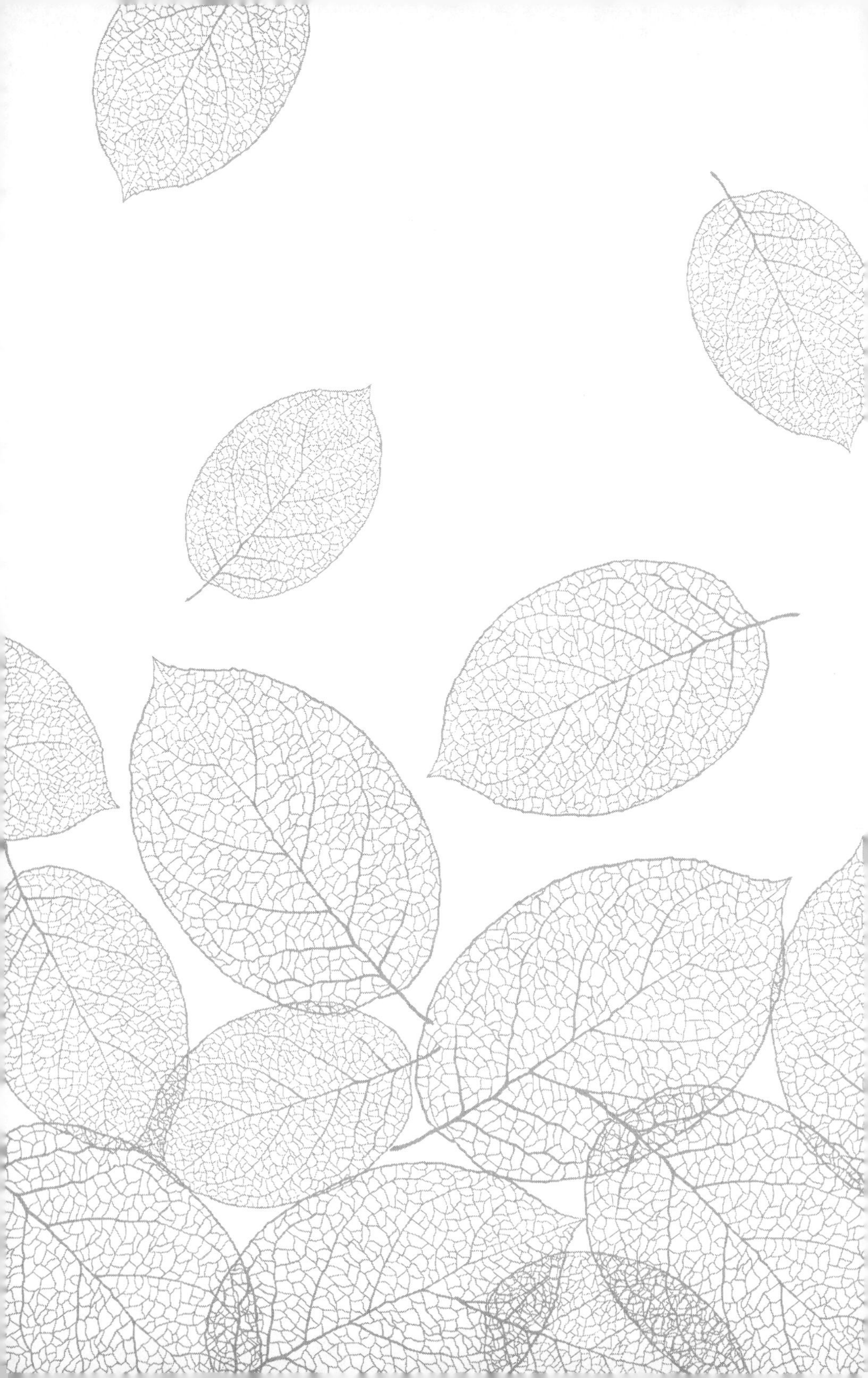

Conteúdos do capítulo

- Estudos ambientais de empreendimentos reais submetidos ao processo de licenciamento ambiental no Brasil.
- Diferentes procedimentos de licenciamento (federal e estadual).
- Diferentes maneiras de realizar a avaliação de impactos ambientais (AIA) e diferentes programas ambientais.
- Diferentes modelos de audiência pública ou participação da população.

Após o estudo deste capítulo você será capaz de:

1. identificar vantagens e desvantagens nos diferentes modelos de licenciamento, estudos de AIA e audiência pública apresentados;
2. identificar e avaliar mecanismos para adaptar o que foi discutido neste livro aos casos específicos de procedimentos de licenciamento ambiental.

Este capítulo descreve dois estudos de caso reais com o intuito de apresentar ao leitor diferentes estudos ambientais – estudo de impacto ambiental (EIA) e relatório simplificado ambiental (RAS) –, diferentes procedimentos de licenciamento ambiental (federal e estadual) e exigências relacionadas à AIA e aos programas ambientais e modelos diversos de audiência pública ou participação da população.

Não é nosso intuito discorrer sobre a relevância ou não dos empreendimentos mencionados nem sobre a adequação ou não do parecer do órgão ambiental. O que apresentamos serve apenas para trazer a você uma referência real do processo de avaliação de impactos ambientais (AIA, objeto central deste livro). Não há intenção política de discorrer sobre vantagens ou desvantagens dos empreendimentos em questão, apesar de esse ser um aspecto importante que deve ser discutido pela sociedade: o âmbito do planejamento ambiental do país e, mais especificamente, o âmbito do licenciamento ambiental nas audiências públicas.

Para auxiliar você, neste exercício comparativo, a reconhecer as similaridades e diferenças dos estudos de caso, foi definido o seguinte roteiro:

1. Características gerais do caso:

    - Descrição do caso;
    - Órgão responsável pelo licenciamento ambiental;
    - Procedimentos para o licenciamento, etapas do processo e legislação referente ao licenciamento.

2. Estudos ambientais:

- Modelo de termo de referência;
- Pontos de destaque relacionados à AIA;
- Pontos de destaque dos planos e programas ambientais;
- Audiência pública e participação da população.

6.1 Estudo de caso 1

Neste primeiro estudo de caso, apresentaremos um EIA de empreendimento sujeito ao licenciamento ambiental federal relativo ao aproveitamento hidrelétrico (AHE) de Belo Monte, no Pará (PA).

6.1.1 Características gerais do caso

Veja, a seguir as características gerais desse EIA de empreendimento.

6.1.1.1 Descrição do caso

Desde os anos de 1980, vem sendo estudada a possibilidade de construção de usinas hidrelétricas na bacia do Rio Xingu, nos estados do Pará e Mato Grosso. No entanto, apenas em 2005 o Congresso Nacional aprovou a complementação dos estudos de viabilidade iniciados em 2002 e o início do EIA.

De acordo com o Rima da Usina Hidrelétrica (UHE) de Belo Monte (2009), a capacidade de geração da usina será de 11.233,1 MW e estará integrada ao Sistema Interligado Nacional (SIN).

O reservatório deve operar a fio d'água, ou seja, a usina gera energia elétrica de acordo com a quantidade existente no rio, variando ao longo do ano – gera muita energia na época de cheia e pouca na época de seca. Na época de cheia, está prevista a reserva de água em reservatórios de usinas em outras regiões do país, possibilitando um estoque para que essas usinas gerem energia quando Belo Monte estiver gerando pouco em razão do período de seca. Assim, não será necessário construir outras usinas no rio Xingu para gerar uma quantidade de energia constante (Leme Engenharia, 2009).

6.1.1.2 Órgão responsável

No caso da UHE de Belo Monte, o órgão responsável pelo licenciamento ambiental é o Ibama, conforme disposto na Lei n. 6.938, de 31 de agosto de 1981, no parágrafo 4º do art. 10 da Política Nacional do Meio Ambiente (PNMA) (Brasil, 1981), a saber: "Compete ao Instituto Brasileiro do Meio Ambiente e Recursos Naturais Renováveis – Ibama o licenciamento previsto no caput deste artigo, no caso de atividades e obras com significativo impacto ambiental, de âmbito nacional ou regional."

6.1.1.3 Procedimentos para o licenciamento, etapas do processo e legislação referente ao licenciamento

Por se tratar de um empreendimento estratégico nacional e levando-se em conta suas peculiaridades, os procedimentos relacionados à liberação para estudos, construção e licenciamento de Belo Monte foram especiais. Inicialmente, o Congresso Nacional, por meio do Decreto Legislativo nº 788, de 14 de julho de 2005 (Brasil, 2005a), autorizou o Poder Executivo a implantar o UHE

Belo Monte, após estudos de viabilidade técnica, econômica, ambiental e outros que julgasse necessários, com destaque para o presente EIA e respectivo Rima.

A Resolução do Conselho Nacional de Políticas Energéticas (CNPE) n. 6, de 3 de julho de 2008 (Brasil, 2008a), reiterou o interesse estratégico do aproveitamento do potencial hidráulico para fins energéticos do Rio Xingu, bem como a importância estratégica de parcelas do território banhadas por ele para a conservação da biodiversidade biológica e da proteção da cultura indígena. Estabeleceu, ainda, em seu art. 2º, que o único potencial hidroenergético a ser explorado, situado no rio, será o do aproveitamento hidrelétrico de Belo Monte, entre a sede urbana do município de Altamira e a sua foz, devendo ser operacionalizado nos estudos de planejamento energético nacional, coordenados e aprovados pelo Ministério de Minas e Energia – MME (Brasil, 2008a).

Além disso, a Resolução CNPE determinou que as Centrais Elétricas Brasileiras S. A. (Brasil, 2008a) conduzissem ações necessárias à continuidade dos estudos para desenvolvimento e conclusão da análise de viabilidade do aproveitamento hidrelétrico (AHE) Belo Monte, bem como realizassem estudo de natureza antropológica, atinente às comunidades indígenas localizadas na área sob influência do aproveitamento hidrelétrico, devendo, ainda, ser ouvidas as comunidades afetadas.

Por ser um licenciamento federal, os procedimentos seguem exatamente o que está descrito na Lei n. 9.966, de 28 de abril de 2000 (Brasil, 2000b) e nas Resoluções Conama n. 1, de 23 de janeiro de 1986 (Brasil, 1986a), n. 237, de 19 de dezembro de 1997 (Brasil, 1997b), e n. 6, de 16 de setembro de 1987 (Brasil, 1987b).

A obrigatoriedade de elaboração de EIA/Rima é descrita no art. 2º da Resolução Conama n. 1/1986, que determina que dependerá de elaboração de EIA e Rima, a ser submetidos à aprovação do órgão competente, o licenciamento de atividades modificadoras do meio ambiente, tais como:

> VII – Obras hidráulicas para exploração de recursos hídricos, tais como: barragem para fins hidrelétricos, acima de 10MW, de saneamento ou de irrigação, abertura de canais para navegação, drenagem e irrigação, retificação de cursos d'água, abertura de barras e embocaduras, transposição de bacias, diques;
>
> XI – Usinas de geração de eletricidade, qualquer que seja a fonte de energia primária, acima de 10MW. (Brasil, 1986a)

O art. 4º da Resolução Conama n. 237/1987 corrobora o entendimento que compete ao Ibama, órgão executor do Sisnama, o licenciamento ambiental a que se refere o art. 10 da Lei n. 6.938/1981, de empreendimentos e atividades com significativo impacto ambiental de âmbito nacional ou regional – como, reitera-se, é o caso do AHE Belo Monte. Já a Instrução Normativa Ibama n. 184, de 17 de julho de 2008, estabeleceu os procedimentos para o licenciamento ambiental federal.

De acordo com o art. 6º da Instrução Normativa Ibama n. 65, de 13 de abril de 2005, a fase de Licenciamento Prévio (LP) deve seguir as seguintes etapas:

- elaboração de EIA e RIMA;
- envio de EIA e RIMA e do requerimento de licença ao Ibama;
- publicação do requerimento de licença prévia (LP);

- verificação pelo Ibama da abrangência do EIA/Rima em relação ao termo de referência (TR) definitivo;
- distribuição, pelo empreendedor, do EIA/Rima aos órgãos envolvidos;
- realização de análise de mérito do EIA/Rima pelo Ibama e pelos órgãos envolvidos;
- realização de vistoria técnica pelo Ibama;
- solicitação de complementações, caso necessário;
- aceite do EIA/Rima pelo Ibama;
- publicidade ao EIA e ao Rima, por parte do empreendedor, disponibilizando cópias nos locais indicados pelo Ibama;
- publicidade ao Rima, por parte do Ibama, disponibilizando-o em seu sítio e divulgando locais de disponibilização do EIA;
- realização de audiências públicas;
- solicitação de novas complementações, caso necessário;
- definição pelo Ibama do grau de impacto do empreendimento com vistas à compensação ambiental;
- deferimento ou não da solicitação de LP pelo Ibama;
- pagamento de taxas referentes ao licenciamento pelo empreendedor;
- emissão da LP pelo Ibama e envio ao empreendedor.

O EIA e o Rima devem ser elaborados em conformidade com critérios, metodologias, normas e padrões estabelecidos pelo TR definitivo, aprovado pela Diretoria de Licenciamento e Qualidade Ambiental do Ibama. Veremos detalhes do TR de Belo Monte a seguir.

6.1.2 Estudos ambientais

Veja, a seguir, alguns elementos referentes aos estudos ambientais desse caso.

6.1.2.1 Modelo de Termo de Referência

O TR foi emitido pelo Ibama em dezembro de 2007 para elaboração do EIA e do respectivo Rima para o AHE de Belo Monte, no Rio Xingu, Estado do Pará (PA). O TR do AHE Belo Monte foi preparado com base nas informações disponibilizadas na ficha de abertura de processo (FAP), em janeiro de 2006, no mapeamento fornecido pela base de dados do Sistema Nacional de Informação sobre Meio Ambiente (Sinima) e na vistoria de campo feita pelos técnicos do Ibama. Foram considerados também os resultados das reuniões públicas realizadas em Altamira e Vitória do Xingu, em agosto de 2007, e da série de oficinas temáticas que ocorreram no Ibama.

De acordo com a Eletrobras (Brasil, 2008b), a emissão final do TR foi precedida de reuniões, oficinas e visitas técnicas realizadas pelos representantes do Ibama em conjunto com o grupo de coordenação dos estudos, quando também foram discutidas as alternativas para interligação do AHE Belo Monte ao Sistema Integrado Nacional e a metodologia a ser adotada para definição do hidrograma ecológico para o trecho da Volta Grande do Xingu, onde se prevê uma redução de vazão.

O TR elaborado pelo Ibama incluiu ainda uma série de exigências que acarretaram a complementação dos levantamentos de campo inicialmente previstos. O objetivo foi determinar a abrangência, os procedimentos e os critérios gerais para a elaboração do EIA/Rima do AHE Belo Monte.

6.1.2.2 Pontos de destaque relacionados à avaliação de impactos ambientais (AIA)

A AIA é instrumento da PNMA (Lei Federal n. 6.938/1981) com a finalidade de embasar as decisões do órgão licenciador referentes às atividades de potencial impacto ao meio ambiente.

O EIA de Belo Monte menciona que a AIA compreende diversos estudos, entre eles o Estudo de Impacto de Vizinhança (EIV), previsto no Estatuto da Cidade (Lei n. 10.257/2001), que estabelece diretrizes gerais da política urbana, assuntos de interesse social que dizem respeito ao uso da propriedade em defesa dos interesses coletivos, o equilíbrio ambiental e a promoção do pleno desenvolvimento das funções sociais das cidades (Leme Engenharia, 2009).

Ainda de acordo com o EIA de Belo Monte, o documento contempla todas as matérias previstas no EIV, listadas no art. 37 do Estatuto da Cidade (Lei n. 10.257, de 10 de julho de 2001 – Brasil, 2001a), transcrito a seguir:

> Art. 37. O EIV será executado de forma a contemplar os efeitos positivos e negativos do empreendimento ou atividade quanto à qualidade de vida da população residente na área e suas proximidades, incluindo a análise, no mínimo, das seguintes questões:
> I. Adensamento populacional;
> II. Equipamentos urbanos e comunitários;
> III. Uso e ocupação do solo;

IV. Valorização imobiliária;
V. Geração de tráfego e demanda por transporte público;
VI. Ventilação e iluminação;
VII. Paisagem urbana e patrimônio natural e cultural.

Assim, no EIA de Belo Monte, são identificados impactos associados:

- à etapa de planejamento;
- à fase de desenvolvimento de estudos de engenharia e meio ambiente;
- ao processo de divulgação do empreendimento e realização de serviços de campo;
- à etapa de construção;
- à fase de implantação de infraestrutura de apoio à construção;
- ao processo de mobilização e contratação de mão de obra;
- ao processo de aquisição de imóveis para as obras de infraestrutura de apoio;
- ao processo de construção de estradas, vilas residenciais, pátios, canteiros, acampamentos, alojamentos, postos de combustível, linhas de transmissão para atendimento às obras e a outras instalações, dragagem e implantação do porto;

- ao processo de operação de canteiros de obras, alojamentos e vilas residenciais;
- ao processo de desmobilização da infraestrutura de apoio e da mão de obra.

De acordo com o EIA de Belo Monte, foram utilizados para a AIA os procedimentos exigidos no TR, assim como as definições básicas. No documento são definidos:

- **efeito ambiental**: qualquer alteração resultante de uma ação antrópica;
- **impacto ambiental**: qualquer alteração significativa no meio ambiente – em um ou mais de seus componentes – provocada por uma ação humana.

Quando dada modificação derivada de interferência do homem resulta em algum significado para a sociedade, não só em termos de implicações trazidas para o meio ambiente em uma determinada região como também para as funções e interações sociais hoje verificadas, o efeito passa a caracterizar como um impacto ambiental. O impacto ambiental, portanto, seria o efeito ambiental valorado.

As variáveis ambientais consideradas no processo de AIA do AHE Belo Monte são elencadas no Quadro 6.1 a seguir.

Quadro 6.1 – Variáveis ambientais consideradas na AIA de Belo Monte

Meio	Variável ambiental
Físico	Clima
	Geologia
	Geomorfologia
	Solos
	Recursos materiais
	Suscetibilidade erosiva
	Estabilidade de encostas
	Dinâmica fluvial
Biótico	Flora terrestre
	Fauna terrestre
	Flora aquática
	Fauna aquática e semiaquática
	Qualidade das águas
Socioeconômico e cultural	Demografia
	Atividades produtivas
	Infraestrutura
	Saúde
	Educação
	Saneamento
	Organização social
	Modos de vida
	Patrimônio arqueológico
	Patrimônio natural
	Recursos cênicos
	Patrimônio espeleológico
	Patrimônio edificado
	Recursos econômicos
	Finanças públicas

Fonte: Adaptado de Leme Engenharia, 2009.

De acordo com o EIA, o processo de AIA do AHE de Belo Monte seguiu as etapas descritas a seguir.

6.1.2.2.1 Etapa 1: Listagem preliminar de impactos, identificação de rede de precedência associada e de ações ambientais associadas a cada impacto

Nessa etapa, os impactos foram identificados com base na caracterização do empreendimento e no diagnóstico ambiental; depois, foram inter-relacionados por meio das chamadas *redes de precedência*, observando impactos diretos e indiretos. Posteriormente, foram apontadas possíveis ações preventivas para evitar ou minimizar as redes de impactos identificadas.

A Figura 6.1 mostra um exemplo apresentado no EIA.

Figura 6.1 – Exemplo de rede de precedência de impacto e ações preventivas associadas para o AHE de Belo Monte

1. Identificação da rede de precedência de impactos associada ao impacto "Perda de espécies da ictiofauna dependentes do hábitat-chave representado pelos pedrais"

| Alteração das características hidráulicas no trecho de vazão reduzida | → | Redução da inundação dos pedrais | → | Perda de espécies da ictiofauna dependentes do hábitat-chave representado pelos pedrais |

| Ação preventiva proposta: liberação de vazões no período de cheia, por meio do barramento do Sítio Pimental, que possibilite uma maior inundação dos pedrais e, consequentemente, uma minimização da redução de espécies da ictiofauna dependente deste hábitat-chave | 2. Identificação, por meio da rede de precedência, da ação preventiva necessária para evitar, ou pelo menos minimizar, a configuração da rede de precedência associada ao impacto em análise |

Fonte: Adaptado de Leme Engenharia, 2009.

6.1.2.2.2 Etapa 2: Descrição, caracterização e avaliação inicial dos impactos organizados em redes de precedência

Cada impacto foi descrito e caracterizado de acordo com:

- Ocorrência dos impactos
    - Certa: alteração com certeza de ocorrência;
    - Provável: alteração com alta possibilidade de ocorrer;
    - Improvável: alteração com baixa possibilidade de ocorrer.
- Natureza dos impactos.
    - Positiva: alteração de caráter benéfico que resulta em melhoria da qualidade ambiental;
    - Negativa: alteração de caráter adverso que resulta em dano ou perda ambiental.
- Caracterização de incidência/ordem dos impactos.
    - Direta: o impacto direto, também chamado de *impacto primário* ou *de primeira ordem*, é a primeira alteração que decorre de um processo/ação do empreendimento;
    - Indireta: a alteração que decorre de um impacto direto, também chamado de *impacto secundário*, *terciário*, ou *de segunda ordem*, *de terceira ordem*, de acordo com sua situação na cadeia de reações do processo gerador de impacto direto ou primário.

- Caracterização espacial ou de abrangência dos impactos.

    - Pontual: a alteração se manifesta exclusivamente na área/sítio em que se dará a intervenção (isto é, na área diretamente afetada – ADA) ou no seu entorno imediato;

    - Local: a alteração tem potencial para ocorrer ou para se manifestar por irradiação numa área que extrapole o entorno imediato do sítio onde se deu a intervenção, podendo abranger a área de influência direta (AID);

    - Regional: a alteração tem potencial para ocorrer ou para se manifestar por irradiação e por meio de impactos indiretos associados na área de influência indireta (AII) ou mesmo na área de abrangência regional (AAR).

- Caracterização temporal ou dinâmica da manifestação dos impactos.

    - Prazo para a manifestação: imediato ou curto prazo – alteração que se manifesta simultaneamente ou imediatamente após a ocorrência do processo que a desencadeou; médio a longo prazo – alteração que demanda um intervalo de tempo para que possa se manifestar;

    - Formas de manifestação: contínua – a alteração é passível de ocorrer de forma ininterrupta; descontínua – a alteração é passível de ocorrer uma vez ou em intervalos de tempo não regulares; cíclica – a alteração é passível de ocorrer em intervalos de tempo regulares ou previsíveis;

* Duração da manifestação: temporária – a alteração passível de ocorrer tem caráter transitório em relação à fase do projeto na qual se manifestará o impacto; isto é, o impacto temporário ocorre em um período de tempo claramente definido em relação à fase do empreendimento durante a qual se manifesta; permanente – a alteração passível de ocorrer permanece durante a vida útil do projeto ou mesmo a transcende.

Após a caracterização, cada impacto foi avaliado em sua magnitude, sem considerar a implementação de quaisquer medidas preventivas, mitigadoras, de monitoramento, compensatórias ou de potencialização.

O EIA definiu magnitude como a grandeza de um impacto em termos absolutos, correspondendo ao grau de alteração da qualidade da variável ambiental que será afetada por um determinado processo do empreendimento. É tida como a diferença entre a qualidade assumida por essa variável ambiental após a atuação do processo e aquela que é observada antes de este processo ter ocorrido (Leme Engenharia, 2009).

Assim, para avaliar a magnitude de cada impacto, foi primeiramente determinada a sua reversibilidade e relevância. A definição e os critérios de reversibilidade e relevância, conforme descritos no EIA, são apresentados a seguir:

* Reversibilidade.

    * Reversível imediatamente/curto prazo: situação na qual, depois de cessado o processo gerador do

impacto, o meio alterado retorna imediatamente ou no curto prazo à dada situação de equilíbrio, semelhante àquela que estaria estabelecida caso o impacto não tivesse ocorrido ou caso a ação ambiental, que poderia ser proposta para preveni-lo ou mitigá-lo, não viesse a ser aplicada;

- **Reversível em médio/longo prazo**: situação na qual, depois de cessado o processo gerador do impacto, o meio alterado retorna no médio ou no longo prazo à dada situação de equilíbrio semelhante àquela que estaria estabelecida caso o impacto não tivesse ocorrido ou caso a ação ambiental, que poderia ser proposta para preveni-lo ou mitigá-lo, não viesse a ser aplicada;

- **Irreversível**: o meio se mantém alterado mesmo depois de cessado o processo gerador do impacto e não são identificadas ações ambientais capazes de preveni-lo ou mitigá-lo.

- Relevância.

    - **Baixa**: a alteração na variável ambiental é passível de ser percebida ou verificada (medida) sem, entretanto, caracterizar ganhos ou perdas na qualidade ambiental da área de abrangência considerada, em comparação com o cenário ambiental diagnosticado;

    - **Média**: a alteração na variável ambiental é passível de ser percebida ou verificada (medida), caracterizando ganhos ou perdas na qualidade ambiental da área de abrangência considerada, se comparados ao cenário ambiental diagnosticado;

- **Alta**: a alteração na variável ambiental é passível de ser percebida e/ou verificada (medida), caracterizando ganhos e/ou perdas expressivos na qualidade ambiental da área de abrangência considerada, se comparados ao cenário ambiental diagnosticado.

O Quadro 6.2 mostra como as relações de reversibilidade e relevância combinadas determinaram a magnitude dos impactos avaliados para Belo Monte.

Quadro 6.2 – Determinação da magnitude dos impactos do AHE de Belo Monte com base na reversibilidade e relevância

Reversibilidade	Relevância	Magnitude
Reversível imediatamente ou em curto prazo	Baixa	Baixa
	Média	Média
	Alta	Média
Reversível em médio/longo prazos	Baixa	Baixa
	Média	Média
	Alta	Alta
Irreversível	Baixa	Baixa
	Média	Média
	Alta	Alta

Fonte: Adaptado de Leme Engenharia, 2009.

Os Quadros 6.3 e 6.4 apresentados a seguir mostram o modelo de ficha de caracterização e avaliação de impactos do empreendimento de Belo Monte, conforme descrito em seu EIA.

Quadro 6.3 – Modelo de ficha de caracterização de impactos

Impacto	Perda de referências socioespaciais e culturais
Etapa	Enchimento
Fase	Formação dos reservatórios
Processo	Inundação das áreas para formação dos reservatórios
Variável ambiental impactada	Cultura e tradição
Impacto de ordem superior na rede de precedência	Alteração da paisagem Inundação permanente dos abrigos Assurini e da Gravura Comprometimento do patrimônio arqueológico
Caracterização do impacto		
Ocorrência	Certa	Considera-se como certa a ocorrência do impacto, dado que tanto a população a ser relocada quanto aquela que permanecerá no mesmo local conviverão com um ambiente modificado, percebendo-o de diferentes maneiras
Incidência	Indireta	O impacto é indireto, de segunda ordem, em relação ao processo que o origina, isto é, a inundação das áreas para formação dos reservatórios
Natureza	Negativa	A natureza do impacto é negativa, dado que pode vir, até mesmo, a contribuir para o surgimento ou acirramento de tensões sociais, em especial em decorrência do impacto de alteração na paisagem
Abrangência	Regional	Ainda que o impacto venha a se manifestar exclusivamente na ADA, sua abrangência certamente se estenderá até a Área de Interferência Indireta (AII), dada a significativa área de interferências representada pelos futuros reservatórios do Xingu e dos Canais
Temporalidade	Imediato	Esse impacto tem manifestação imediata em relação ao impacto que o origina
Forma de manifestação	Contínua	Considera-se que o impacto se manifestará de forma contínua a partir da formação dos reservatórios
Duração da manifestação	Permanente	O impacto em questão terá manifestação permanente, em acordo com aquela do processo e dos impactos que o originaram

Fonte: Adaptado de Leme Engenharia, 2009.

Quadro 6.4 – Modelo de ficha de avaliação de impactos

Avaliação do impacto		
Reversibilidade	Longo prazo	É um impacto considerado reversível em longo prazo, tendo em vista que envolve variáveis ambientais de cunho imaterial, que demandam um período mais delongado de tempo para que apresentem reversões diante de impactos negativos sobre elas atuantes
Relevância	Alta	A relevância desse impacto é considerada alta em coerência com aquela dos impactos que o originam
Magnitude	Alta	Em função de ser um impacto reversível em longo prazo e de ter relevância alta, sua magnitude é considerada também como alta

Fonte: Leme Engenharia, 2009.

6.1.2.2.3 **Etapa 3: Proposição de ações ambientais a cada impacto**
Em decorrência dos resultados da caracterização e da avaliação dos impactos, foram identificadas e propostas ações ambientais a serem implementadas de modo a eliminar ou minimizar os impactos ambientais significativos adversos (negativos) e a maximizar os benéficos (positivos).

O EIA de Belo Monte definiu as ações identificadas da forma transcrita a seguir:

> Ações Preventivas: relativas à implantação, operação e/ou manutenção de sistemas ou procedimentos de controle dos processos do empreendimento que podem gerar impactos ambientais significativos, visando prevenir a ocorrência de tais impactos. Assim, a incorporação de um sistema de controle ambiental intrínseco ao projeto de engenharia de determinado elemento da infraestrutura construtiva ou de uma

estrutura componente do arranjo geral do AHE Belo Monte constitui uma ação preventiva, dado que objetiva ser aplicada diretamente na fonte geradora do impacto, como forma de exercer o controle preventivo ainda durante o processo construtivo ou operacional.

Ações de Mitigação: visam reduzir os impactos ambientais significativos (alta ou moderada magnitude) a níveis considerados aceitáveis, tornando-os não significativos. Tais impactos são ditos, portanto, mitigáveis. Estas [sic] ações podem ser aplicadas de forma simultânea ou não ao controle dos respectivos processos que geram os impactos em questão.

Ações de Monitoramento: aplicáveis às características do empreendimento, responsáveis por impactos de moderada ou de alta magnitude (impactos ambientais significativos), considerando-se que a minimização dos impactos por meio de controle de seus respectivos processos geradores deverá ser priorizada, sempre que possível. Em se tratando de impactos decorrentes de processos associados a sistemas de controle ambiental intrínsecos, foram sempre considerados como ações de monitoramento os procedimentos relativos à operação e à manutenção adequada desses sistemas de controle.

Ações de Potencialização: aplicáveis ao conjunto de impactos ambientais significativos benéficos (positivos), visando a sua otimização e maximização.

Ações de Compensação Ambiental: aplicáveis à compensação de impactos ambientais adversos não mitigáveis, sendo que a compensação ambiental deve procurar ser implementada de forma a corresponder à mesma natureza das variáveis ambientais impactadas. (Leme Engenharia, 2009)

Além desse tipo de ações de compensação ambiental, foi considerada a compensação compulsória, na qual se traduz a aplicação do art. 36 da Lei n. 9.985, de 18 de julho de 2000 (Brasil, 2000c) – Lei do Sistema Nacional de Unidades de Conservação (Snuc).

6.1.2.2.4 Etapa 4: Reavaliação do impacto diante das ações ambientais propostas

Após a identificação e a proposta das ações ambientais, foi realizada uma reavaliação dos impactos, novamente com a determinação de sua magnitude, considerando a nova realidade de reversibilidade e relevância dos impactos diante das ações ambientais propostas.

6.1.2.2.5 Etapa 5: Síntese da caracterização e avaliação do impacto

A síntese da caracterização e da avaliação de cada impacto foi apresentada na forma de matriz de avaliação de impactos ambientais (Maia) nos apêndices do EIA, individualizada por cada etapa, fase, processo e rede de precedência de impactos identificada. Um exemplo é apresentado no Quadro 6.5, contido no anexo desta obra (p. 257).

O Quadro 6.6 mostra um exemplo de impactos considerados significativos e de ações ambientais propostas na fase de operação do AHE de Belo Monte.

Quadro 6.6 – Exemplo de impactos e ações para a fase de operação do AHE de Belo Monte

Etapa	Redes de precedência associadas	Impacto	Ações propostas (planos)
Operação	• Alteração da qualidade da água a jusante da Casa de Força Principal	• Alteração da qualidade da água a jusante da Casa de Força Principal	• Plano de gestão de recursos hídricos
	• Ampliação da arrecadação de tributos	• Ampliação da arrecadação de tributos	• Plano de articulação institucional
	• Ampliação da capacidade do SIN e de sua confiabilidade nas regiões Norte-Nordeste e Sul-Sudeste	• Ampliação da capacidade do SIN e de sua confiabilidade nas regiões Norte-Nordeste e Sul-Sudeste	• Plano de relacionamento com a população
	• Aumento da confiabilidade do sistema de transmissão e distribuição de energia em Altamira	• Aumento da confiabilidade do sistema de transmissão e distribuição de energia em Altamira	• Plano de articulação institucional
	• Alteração da dinâmica do escoamento fluvial do trecho de vazão reduzida	• Alteração da dinâmica do escoamento fluvial do trecho de vazão reduzida	• Plano de gestão de recursos hídricos • Plano de gerenciamento integrado da Volta Grande do Rio Xingu
	• Alteração da dinâmica do escoamento fluvial do trecho de vazão reduzida	• Interrupção do transporte fluvial nos períodos de estiagem	• Plano de gerenciamento integrado da Volta Grande do Rio Xingu

(continua)

(Quadro 6.6 – conclusão)

Etapa	Redes de precedência associadas	Impacto	Ações propostas (planos)
Operação	• Alteração da dinâmica do escoamento fluvial do trecho de vazão reduzida	• Interrupção do escoamento da produção nos períodos de estiagem	• Plano de gerenciamento integrado da Volta Grande do Rio Xingu
	• Alteração da dinâmica do escoamento fluvial do trecho de vazão reduzida	• Interrupção do acesso a equipamentos sociais (escolas, postos de saúde, igreja) nos períodos de estiagem	• Plano de gerenciamento integrado da Volta Grande do Rio Xingu

Fonte: Leme Engenharia, 2009.

A Figura 6.2 apresenta um exemplo de avaliação final para a rede do impacto "aumento do fluxo migratório", considerando as magnitudes com e sem a aplicação das ações propostas.

Figura 6.2 – Exemplo de rede com magnitudes dos impactos associados

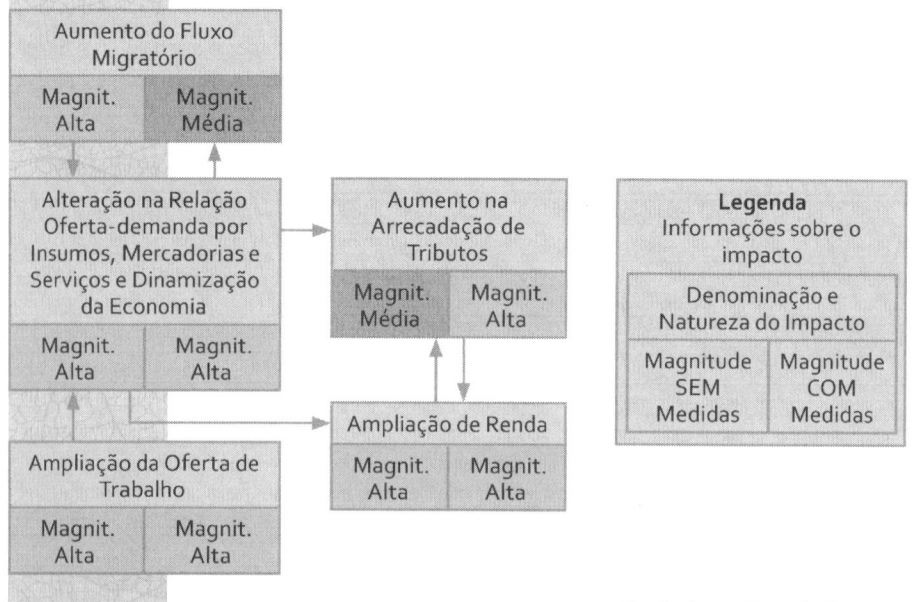

Aumento do Fluxo Migratório	
Magnit. Alta	Magnit. Média

Alteração na Relação Oferta-demanda por Insumos, Mercadorias e Serviços e Dinamização da Economia	
Magnit. Alta	Magnit. Alta

Ampliação da Oferta de Trabalho	
Magnit. Alta	Magnit. Alta

Aumento na Arrecadação de Tributos	
Magnit. Média	Magnit. Alta

Ampliação de Renda	
Magnit. Alta	Magnit. Alta

Legenda Informações sobre o impacto	
Denominação e Natureza do Impacto	
Magnitude SEM Medidas	Magnitude COM Medidas

Fonte: Leme Engenharia, 2009.

6.1.2.3 Pontos de destaque dos planos e programas ambientais

No âmbito do EIA de Belo Monte, as ações ambientais propostas foram consolidadas em planos, programas e projetos (PPP). No EIA, considerou-se que um plano contempla uma série de programas integrados e que esses, por sua vez, congregam um conjunto articulado de projetos.

Cada plano, programa e projeto foi detalhado de modo a incluir os seguintes itens:

- objetivo do plano, programa ou projeto;
- justificativa para sua proposição, relacionando-a ao impacto;
- natureza (prevenção, mitigação, controle, compensação, potencialização);
- procedimentos metodológicos e conjunto de atividades que o compõem;
- interface com outros PPP propostos;
- proposta inicial de cronograma de implantação considerando as fases do empreendimento;
- responsáveis.

Foram propostos os seguintes planos, com os respectivos programas e projetos, associados aos impactos identificados:

- plano de gestão ambiental, incluindo o plano de atendimento a emergências;
- plano ambiental de construção;
- plano de acompanhamento geológico/geotécnico e de recursos minerais;

- plano de gestão de recursos hídricos;
- plano de conservação dos ecossistemas terrestres;
- plano de conservação do ecossistema aquático;
- plano de atendimento à população atingida;
- plano de requalificação urbana;
- plano de articulação institucional;
- plano de interação social e comunicação;
- plano de valorização do patrimônio;
- plano de saúde pública;
- plano de gerenciamento integrado da Volta Grande do Rio Xingu.

A Figura 6.3, a seguir, apresenta um exemplo de organograma que relaciona o plano de gestão ambiental (PGA) da construção com os respectivos programas e projetos.

Figura 6.3 – Exemplo de relacionamento de PPP para AHE de Belo Monte

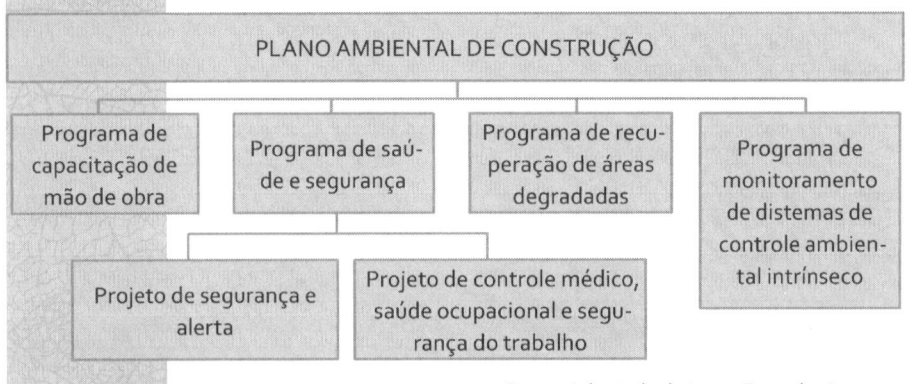

```
PLANO AMBIENTAL DE CONSTRUÇÃO
├── Programa de capacitação de mão de obra
├── Programa de saúde e segurança
│   ├── Projeto de segurança e alerta
│   └── Projeto de controle médico, saúde ocupacional e segurança do trabalho
├── Programa de recuperação de áreas degradadas
└── Programa de monitoramento de distemas de controle ambiental intrínseco
```

Fonte: Adaptado de Leme Engenharia, 2009.

6.1.2.4 Audiência pública e participação da população

Além da exigência legal para realização de audiências públicas para empreendimentos submetidos ao licenciamento ambiental federal, destacam-se ainda, no caso de Belo Monte, as exigências estaduais. Conforme o EIA de Belo Monte, a Lei n. 5.877, de 21 de dezembro de 1994 (Pará, 1994),

> dispõe sobre participação popular em todas as decisões relacionadas ao meio ambiente e direito à informação sobre esta matéria, conforme estabelece o artigo 253, caput, da Constituição Estadual, assegurada por meio de Audiências Públicas, da livre manifestação da população e o acesso às informações sobre o assunto, objeto da Audiência. De acordo com o artigo 2º, caput, da Lei Estadual n. 5.877/94, as pessoas físicas ou jurídicas de direito público ou privado que detenham informações relacionadas ao meio ambiente, deverão, obrigatoriamente, promover as condições necessárias para que o público tenha acesso às mesmas. A Política de Meio Ambiente do Estado do Pará, instituída pela Lei n. 5.887, de 09 de maio de 1995, prevê como princípio, consideradas as peculiaridades locais, geográficas, econômicas e sociais, a garantia de participação popular nas decisões relacionadas ao meio ambiente. (Leme Engenharia, 2009)

De acordo com o relatório resumido de realização de audiências públicas do AHE de Belo Monte, foram realizadas audiências em Brasil Novo, Vitória do Xingu, Altamira e Belém ao longo de 2009, das quais participaram 8 mil pessoas. Os questionamentos, tanto dos movimentos sociais quanto do painel de especialistas, foram organizados e respondidos por meio de documentação oficial entregue ao Ibama pelos empreendedores e disponibilizada no site do órgão ambiental. Ressalta-se que essas respostas foram consideradas na avaliação da liberação da LP.

6.2 Estudo de caso 2

Neste segundo estudo de caso, exemplificaremos um RAS de empreendimento sujeito ao licenciamento ambiental estadual referente ao Aterro Sanitário de São Fidélis, no Rio de Janeiro (RJ).

6.2.1 Características gerais do caso

A seguir, apresentaremos as características gerais deste caso.

6.2.1.1 Descrição do caso

Neste segundo caso, utilizamos como exemplo o relatório ambiental simplificado (RAS) do Aterro Sanitário de São Fidélis (Rio de Janeiro, 2011). De acordo com o documento, o aterro sanitário para lixo urbano a ser implantado no município de São Fidélis foi projetado para receber resíduos sólidos gerados em São Fidélis, Cambuci, Itaocara, Italva, Cardoso Moreira e Aperibé, com uma vida útil de 25 anos. O RAS menciona que o aterro contempla a implantação dos seguintes componentes:

- **Componente 1**: aterro sanitário incluindo infraestrutura operacional de apoio e sistema de tratamento de efluentes líquidos percolados por meio de geotubes.

⚁ **Componente 2**: unidades de tratamento/beneficiamento de resíduos sólidos, a saber: unidade de tratamento de resíduos sólidos de unidades de serviços de saúde (autoclave) e unidade de beneficiamento de resíduos sólidos da construção civil.

Um dos objetivos principais da implantação desse aterro é atender às exigências dos órgãos ambientais, notadamente o Ministério Público Estadual, no que se refere à correta disposição final de resíduos sólidos. De acordo com o RAS, o projeto foi elaborado em consonância com as especificações das normas brasileiras da legislação ambiental em vigor, notadamente a NBR-8419/84, bem como as Resoluções Conama n. 358, de 29 de abril de 2005 (Brasil, 2005b), n. 307, de 5 de julho de 2002 (Brasil, 2003b), n. 303, de 20 de março de 2002 (Brasil, 2002c), e em particular a Instrução Técnica INEA IT 1.302 R1 (Rio de Janeiro, 1994).

6.2.1.2 Órgão responsável pelo licenciamento ambiental

O órgão responsável pelo licenciamento ambiental é o Instituto Estadual do Ambiente (Inea).

6.2.1.3 Procedimentos para o licenciamento, etapas do processo e legislação referente ao licenciamento

O *site* do Inea apresenta o detalhamento do processo de licenciamento ambiental no Estado do Rio de Janeiro. De acordo com a referência, o Sistema de Licenciamento Ambiental (Slam) foi instituído pelo Decreto n. 42.159, de 2 de dezembro de 2009 (Rio de Janeiro, 2009), e nele são definidos os empreendimentos e atividades sujeitos ao licenciamento ambiental, bem como os tipos de documentos emitidos em cada caso.

Há ainda a Lei Complementar n. 140, de 8 de dezembro de 2011 (Brasil, 2011), que fixa normas para a cooperação entre a União, os estados, o Distrito Federal e os municípios nas ações administrativas relativas à proteção das paisagens naturais notáveis, à proteção do meio ambiente, ao combate à poluição em qualquer de suas formas e à preservação das florestas, da fauna e da flora (Rio de Janeiro, 2014).

Já a Resolução Conema n. 42, de 17 de agosto de 2012 (Rio de Janeiro, 2012), dispõe sobre as atividades que causam ou possam causar impacto ambiental local; ela estabelece normas gerais de cooperação federativa nas ações administrativas decorrentes do exercício de competência comum relativas à proteção das paisagens naturais notáveis, à proteção do meio ambiente e ao combate à poluição em qualquer de suas formas, conforme previsto na Lei Complementar n. 140/ 2011 (Rio de Janeiro, 2014).

O Inea orienta a realização de cada EIA por Instrução Técnica Específica (ITE), elaborada de acordo com os critérios da DZ-041 – Diretriz para Realização de Estudo de Impacto Ambiental e do respectivo Rima com as peculiaridades do projeto, as características ambientais da área e a magnitude dos impactos (Rio de Janeiro, 2014).

O decreto que institui o licenciamento ambiental no Estado do Rio de Janeiro prevê a licença ambiental simplificada (LAS), ato administrativo mediante o qual o órgão ambiental, em uma única fase, atesta a viabilidade ambiental, aprova a localização e autoriza a implantação ou a operação de empreendimentos ou atividades enquadrados na Classe 2, de acordo com o potencial poluidor e porte do empreendimento, estabelecendo condições e medidas de controle ambiental que deverão ser observadas.

O RAS, assim como o EIA, tem como objetivo oferecer elementos para a análise da viabilidade ambiental de empreendimentos ou atividades consideradas potencial ou efetivamente causadoras de degradação do meio ambiente (Rio de Janeiro, 2014). O RAS é previsto pela Lei n. 1.356, de 3 de outubro de 1988 (Rio de Janeiro, 1988), para alguns casos referentes a:

- barragens e empreendimentos de geração de energia;
- aterros sanitários ou usinas de reciclagem de resíduos sólidos;
- obras ou serviços de dragagem em ambientes costeiros e de drenagem e dragagem de sistemas hídricos interiores;
- ramais de distribuição de gás.

De acordo com o Inea (Rio de Janeiro, 2014), ele pode ser ainda utilizado no lugar de um estudo EIA/Rima, desde que o Inea conclua, após análise, pela ausência de potencial e significativo dano ambiental.

6.2.2 Estudos ambientais

Confira, a seguir, alguns elementos referentes aos estudos ambientais desse caso.

6.2.2.1 Modelo de Termo de Referência

No caso de um RAS, o Inea estabelece como referência para elaboração uma Instrução Técnica, que visa a orientar a elaboração do relatório, apresentando todos os itens que ele deve conter.

6.2.2.2 Pontos de destaque relacionados à AIA

De acordo com o RAS, com base no diagnóstico ambiental, foram identificadas as potencialidades e as fragilidades dos meios físico, biológico e antrópico em função das características do empreendimento. O documento descreve as seguintes etapas adotadas no desenvolvimento da análise dos impactos ambientais:

- identificação das ações (aspectos ambientais) ligadas às diferentes fases do empreendimento (planejamento, implantação, operação e desativação) que podem promover alterações da qualidade ambiental sobre as áreas de influência;
- identificação dos impactos ambientais associados às ações da etapa anterior;
- descrição dos níveis de alteração que essas ações podem vir a causar sobre o meio, utilizando parâmetros ambientais preferencialmente quantitativos para sua previsão e, quando não for possível, métodos qualitativos amparados pela literatura científica, pela opinião de especialistas e por experiências de empreendimentos similares;
- avaliação do grau de importância dos impactos ambientais descritos, tendo em vista o contexto socioambiental em que se insere o empreendimento.

Os impactos descritos foram classificados de acordo com o grau de importância, estabelecido com base na combinação dos seguintes atributos descritivos:

- expressão: benéficos ou adversos;
- origem com relação à sua fonte causadora: diretos ou indiretos;
- duração: temporários ou permanentes;
- temporalidade: imediatos, de curto, médio ou longo prazo;
- reversibilidade com relação à capacidade de o ambiente afetado retornar ao seu estado anterior: reversível ou irreversível;
- espacialidade: abrangência local, regional ou global;
- cumulatividade e sinergismo: consideração dos efeitos cumulativos, ou seja, sua associação com outros impactos similares incidentes sobre a mesma área, ou que apresentem efeito potencializado pela combinação de impactos entre si.

Dessa forma, foram montadas matrizes de impactos que relacionam as operações/ações do empreendimento com os possíveis impactos potenciais associados nas várias fases do empreendimento (planejamento e implantação, operação e desativação).

De acordo com o RAS, utilizaram-se como métodos para a AIA o *Ad Hoc* e, posteriormente, a aplicação da matriz de interação. No *Ad Hoc*, especialistas participaram de reuniões nas quais listaram as fases de um projeto de aterro sanitário, bem como possíveis interferências do empreendimento nos meios físico, biológico e antrópico. Os resultados foram refinados com o diagnóstico das áreas de influência; por fim, obteve-se a listagem dos possíveis impactos associados ao empreendimento. O Quadro 6.7 mostra um exemplo de matriz apresentado no RAS.

Quadro 6.7 – Exemplo de matriz de impactos associados às fases de planejamento e implantação do Aterro Sanitário de São Fidélis

Fator indutor	Meio receptor	Descrição do impacto	Natureza		Abrangência		Incidência		Temporalidade		Reversibilidade		Valoração		
			Pos.	Neg.	Local	Regional	Dir.	Ind.	Temp.	Perm.	Rev.	Irrev.	Alta	Média	Baixa
Deslocamento de caminhões nas vias de acesso ao empreendimento e movimentação de veículos e máquinas no local	Físico	Alteração da qualidade do ar decorrente do aumento da emissão de gases (CO, CO_2, MP) da combustão		✓	✓		✓		✓		✓				✓
		Alteração no nível de ruído nas vias de acesso e nas áreas de influência direta e indireta		✓	✓		✓		✓		✓				✓
Remoção da cobertura vegetal	Físico	Alteração na dinâmica de escoamento das águas superficiais		✓	✓		✓		✓		✓			✓	
		Formação e desenvolvimento de processos erosivos		✓	✓		✓		✓			✓			✓

(continua)

(Quadro 6.7 – conclusão)

Fator indutor	Meio receptor	Descrição do impacto	Natureza		Abrangência		Incidência		Temporalidade		Reversibilidade		Valoração		
			Pos.	Neg.	Local	Regional	Dir.	Ind.	Temp.	Perm.	Rev.	Irrev.	Alta	Média	Baixa
Terraplenagem	Físico	Intensificação do assoreamento dos cursos d'água		✓		✓		✓	✓		✓			✓	
		Aumento da turbidez nos corpos d'água		✓	✓			✓	✓		✓			✓	
		Diminuição da luminosidade nos corpos d'água/diminuição dos níveis de oxigênio dissolvido		✓		✓		✓	✓		✓				✓

Fonte: Rio de Janeiro, 2011.

Legenda:

Natureza: "Pos." – positiva; "Neg." – negativa

Incidência: "Dir." – direta; "Ind." – indireta

Temporalidade: "Temp." – temporária; "Perm." – permanente

Reversibilidade: "Rev." – reversível; "Irrev." – irreversível

Foram identificados, classificados e avaliados os impactos ambientais nos meios físico (solo, águas, ar e ruídos), biótico (flora e vegetação nativa e fauna) e antrópico (infraestrutura viária e socioeconomia). No meio físico, por exemplo, destacam-se:

- alteração na qualidade ambiental do ar decorrente do aumento da concentração de materiais particulados e emissões de gases veiculares;
- emissão de gases gerados pela decomposição do aterro;
- alteração do nível de ruído nas áreas de influência direta e indireta;
- alteração na dinâmica de escoamento das águas superficiais;
- formação e desenvolvimento de processos erosivos;
- riscos de ocorrência de instabilidade dos taludes e escorregamentos;
- intensificação do assoreamento das drenagens e cursos d'água;
- riscos de alteração das características dos solos naturais e das águas subterrâneas por líquidos percolados;
- riscos de alteração na qualidade ambiental das águas superficiais;
- riscos de deformações excessivas e instabilidades decorrentes do adensamento de solo mole das fundações;
- contaminação das águas superficiais por despejo de percolados;
- alteração da paisagem.

6.2.2.3 Pontos de destaque dos planos e programas ambientais

No RAS são também apresentadas as medidas que visam a reduzir a significância ou a magnitude dos impactos ambientais adversos, com especial atenção aos considerados mais significativos. Tais medidas são apresentadas e classificadas quanto:

- à natureza: preventivas ou corretivas;
- à fase do empreendimento em que deverão ser adotadas: planejamento, implantação, operação e desativação;
- ao fator ambiental a que se destina: físico, biótico ou socioeconômico;
- ao prazo de permanência de sua aplicação: curto, médio ou longo prazo.

As medidas apresentadas são ainda relacionadas aos impactos significativos, por meio de quadros, como o exemplo apresentado no Quadro 6.8.

Quadro 6.8 – Exemplo de identificação de impactos e proposição de medidas mitigadoras

Meio	Parâmetro	Descrição do impacto	Fase geradora	Atividades	Medida mitigadora e compensatória
Antrópico	Qualidade de vida/ saúde/ Qualidade ambiental	Elevação da qualidade do sistema de disposição de resíduos	Operação	Disposição dos resíduos no aterro	Por ser positivo, não há medidas mitigadoras

(continua)

(Quadro 6.8 – conclusão)

Meio	Parâmetro	Descrição do impacto	Fase geradora	Atividades	Medida mitigadora e compensatória
Antrópico	Qualidade de vida/ saúde/ Qualidade ambiental	Maior segurança contra contaminações de solo e água subterrânea	Operação	Disposição dos resíduos no aterro	Por ser positivo, não há medidas mitigadoras
		Exposição dos funcionários à emissão de poeiras e gases dos equipamentos	Implantação e operação	Movimentação de terra Transporte de resíduos	Pavimentação dos trechos de acesso e umedecimento das vias não pavimentadas do empreendimento Manutenção motores dos veículos a explosão regulados
		Poluição visual para os transeuntes	Operação	Atividades da operação do aterro	Implantação de cinturão verde ao longo da divisa da área do empreendimento
		Exposição da população a possíveis contaminações dos recursos hídricos superficiais e subterrâneos	Operação	Atividades da operação do aterro	Campanhas periódicas de monitoramento de águas superficiais e subterrâneas

Fonte: Adaptado de Rio de Janeiro, 2011.

Além das medidas mitigadoras, são ainda propostos no RAS os seguintes programas e planos, de forma resumida:

- programa de comunicação e participação social;
- programa de monitoramento da qualidade das águas superficiais;
- programa de monitoramento das águas subterrâneas;
- programa de monitoramento de líquidos percolados;
- programa de monitoramento de gases gerados no aterro;
- programa de recomposição vegetal;
- programa de controle ambiental das obras;
- programa de monitoramento geotécnico do maciço de resíduos;
- plano de gerenciamento da disposição de resíduos no aterro;
- programa de prospecção arqueológico;
- programa de sinalização das vias;
- plano de encerramento do Aterro Sanitário de São Fidélis.

6.2.2.4 Audiência pública e participação da população

De acordo com o Inea (Rio de Janeiro, 2014), a regulamentação dos prazos para convocação e procedimentos de realização da audiência pública foi feita pelas Deliberações Ceca n. 4.845 (Rio de Janeiro, 2007), de 12 de julho de 2007 (Rio de Janeiro, 1991),

n. 2.555, de 26 de novembro de 1991, e n. 4.662, de 7 de abril de 2006 (Rio de Janeiro, 2006).

A Comissão Estadual de Controle Ambiental (CECA) é o órgão colegiado vinculado diretamente à Secretaria de Estado do Ambiente, a quem cabe convocar a audiência pública após a conclusão, pelo Inea, da análise técnica do EIA. A convocação é publicada pelo empreendedor no Diário Oficial do Estado do Rio de Janeiro e em dois jornais de grande circulação, no local onde será realizada, com antecedência de dez dias. Ela também fica disponível no portal do Inea. No caso de EAS, o Inea pode convocar as chamadas *reuniões públicas informativas*.

Para concluir...

A avaliação de impactos ambientais (AIA) é um importante instrumento já consagrado para avaliação da viabilidade ambiental de projetos. Apesar de existirem diversas referências bibliográficas sobre o tema, a presente obra inova ao oferecer uma visão geral didática do processo de AIA e do uso do instrumento tanto no contexto internacional quanto na experiência nacional. A ideia foi construir um material autoexplicativo que permitisse a você, leitor, conhecer os conceitos básicos relacionados ao tema, indicando os caminhos para aprofundamentos de acordo com o interesse e a necessidade de cada um.

Assim, este livro teve como objetivo principal introduzir o tema da AIA, apresentando seus conceitos básicos, evolução histórica, quadro legal e institucional e sua importância na elaboração de projetos e na implantação de empreendimentos.

Além da abordagem dessas questões, foram apresentados detalhes do processo de AIA no Brasil e métodos usuais de avaliação de impactos. Por meio dos estudos de caso, apresentados no último capítulo, pretendemos dar uma visão mais realista e prática do processo, mostrando sua flexibilidade em diversas abordagens nas diferentes esferas de gestão ambiental pública.

Esperamos que o objetivo tenha sido atingido e que este material sirva não apenas como um aprendizado inicial, mas também como um instigador a novas pesquisas e aprofundamentos e uma referência para consulta em sua prática de gestão ambiental.

Referências

ABDON, M. M. de. Os impactos ambientais no meio físico: erosão e assoreamento na bacia hidrográfica do rio Taquari, MS, em decorrência da pecuária. 322 f. Tese (Doutorado em Ciências da Engenharia Ambiental) – Universidade de São Paulo, São Paulo, 2004. Disponível em: <http://www.dsr.inpe.br/site_bhrt/download/Tese.pdf>. Acesso em: 10 set. 2014.

ABNT – Associação Brasileira de Normas Técnicas. ISO 14001: sistema de gestão ambiental – requisitos com orientações para uso. Rio de Janeiro, 2004.

BOLEA, M. T. E. Evaluación del impacto ambiental. Madri: Fundación Mappre, 1984.

BRAGA, B. et al. Introdução à engenharia ambiental. São Paulo: Pearson Prentice Hall, 2004.

BRASIL. Constituição (1988). Diário Oficial da União, Brasília, DF, 5 out. 1988a. Disponível em: <http://www.planalto.gov.br/ccivil_03/constituicao/ConstituicaoCompilado.htm>. Acesso em: 24 nov. 2014.

BRASIL. Decreto n. 4.340, de 22 de agosto de 2002. Diário Oficial da União, Poder Executivo, Brasília, DF, 23 ago.

2002a. Disponível em: <http://www.planalto.gov.br/ccivil_03/decreto/2002/d4340.htm>. Acesso em: 1 dez. 2014.

BRASIL. Decreto n. 5.753, de 12 de abril de 2006. Diário Oficial da União, Poder Executivo, Brasília, DF, 12 abr. 2006a. Disponível em: <http://www.planalto.gov.br/ccivil_03/_ato2004-2006/2006/decreto/d5753.htm>. Acesso em: 1 dez. 2014.

_____. Decreto n. 6.101, de 26 de abril 2007. Diário Oficial da União, Poder Executivo, Brasília, DF, 27 abr. 2007a. Disponível em: <http://www.planalto.gov.br/ccivil_03/_Ato2007-2010/2007/Decreto/D6101.htm>. Acesso em: 1 dez. 2014.

_____. Decreto n. 6.848, de 14 de maio de 2009. Diário Oficial da União, Poder Executivo, Brasília, DF, 15 maio de 2009a. Disponível em: <http://www.planalto.gov.br/ccivil_03/_Ato2007-2010/2009/Decreto/D6848.htm>. Acesso em: 1 dez. 2014.

_____. Decreto n. 73.030, de 30 de outubro de 1973. Diário Oficial da União, Poder Executivo, Brasília, DF, 30 out. 1973a. Disponível em: <http://www2.camara.gov.br/legin/fed/decret/1970-1979/decreto-73030-30-outubro-1973-421650-norma-pe.html>. Acesso em: 1 dez. 2014.

_____. Decreto n. 88.351, de 1º de junho 1983. Diário Oficial da União, Poder Executivo, Brasília, DF, 3 jun. 1983. Disponível em: <http://www2.camara.leg.br/legin/fed/decret/1980-1987/decreto-88351-1-junho-1983-438446-norma-pe.html>. Acesso em: 1 dez. 2014.

_____. Decreto n. 99.274, de 6 de junho de 1990. Diário Oficial da União, Poder Executivo, Brasília, DF, 7 jun. 1990a. Disponível em: <http://www.planalto.gov.br/ccivil_03/decreto/antigos/d99274.htm>. Acesso em: 1 dez. 2014.

BRASIL. Decreto-Lei n. 25, de 30 de novembro de 1937. Diário Oficial da União, Poder Executivo, Brasília, DF, 6 dez. 1937. Disponível em: <http://www.planalto.gov.br/ccivil_03/decreto-lei/del0025.htm>. Acesso em: 1 dez. 2014.

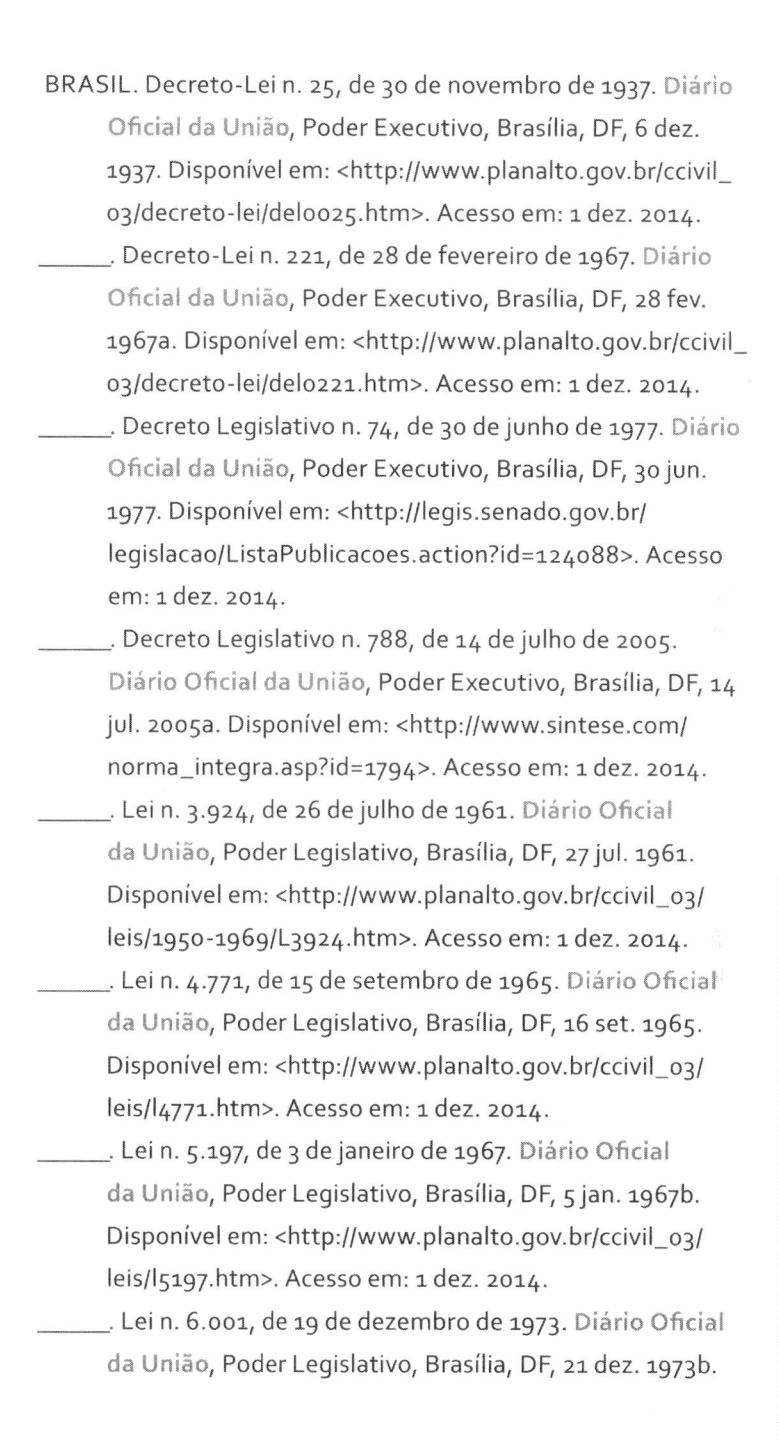

_____. Decreto-Lei n. 221, de 28 de fevereiro de 1967. Diário Oficial da União, Poder Executivo, Brasília, DF, 28 fev. 1967a. Disponível em: <http://www.planalto.gov.br/ccivil_03/decreto-lei/del0221.htm>. Acesso em: 1 dez. 2014.

_____. Decreto Legislativo n. 74, de 30 de junho de 1977. Diário Oficial da União, Poder Executivo, Brasília, DF, 30 jun. 1977. Disponível em: <http://legis.senado.gov.br/legislacao/ListaPublicacoes.action?id=124088>. Acesso em: 1 dez. 2014.

_____. Decreto Legislativo n. 788, de 14 de julho de 2005. Diário Oficial da União, Poder Executivo, Brasília, DF, 14 jul. 2005a. Disponível em: <http://www.sintese.com/norma_integra.asp?id=1794>. Acesso em: 1 dez. 2014.

_____. Lei n. 3.924, de 26 de julho de 1961. Diário Oficial da União, Poder Legislativo, Brasília, DF, 27 jul. 1961. Disponível em: <http://www.planalto.gov.br/ccivil_03/leis/1950-1969/L3924.htm>. Acesso em: 1 dez. 2014.

_____. Lei n. 4.771, de 15 de setembro de 1965. Diário Oficial da União, Poder Legislativo, Brasília, DF, 16 set. 1965. Disponível em: <http://www.planalto.gov.br/ccivil_03/leis/l4771.htm>. Acesso em: 1 dez. 2014.

_____. Lei n. 5.197, de 3 de janeiro de 1967. Diário Oficial da União, Poder Legislativo, Brasília, DF, 5 jan. 1967b. Disponível em: <http://www.planalto.gov.br/ccivil_03/leis/l5197.htm>. Acesso em: 1 dez. 2014.

_____. Lei n. 6.001, de 19 de dezembro de 1973. Diário Oficial da União, Poder Legislativo, Brasília, DF, 21 dez. 1973b.

Disponível em: <http://www.planalto.gov.br/ccivil_03/ leis/l6001.htm>. Acesso em: 1 dez. 2014.

BRASIL. Lei n. 6.905, de 12 de fevereiro de 1998. Diário Oficial da União, Poder Legislativo, Brasília, DF, 13 fev. 1998. Disponível em: <http://www.planalto.gov.br/ccivil_03/ leis/l9605.htm>. Acesso em: 1 dez. 2014.

_____. Lei 6.938, de 31 de agosto de 1981. Diário Oficial da União, Poder Legislativo, Brasília, DF, 2 set. 1981. Disponível em: <http://www.planalto.gov.br/ccivil_03/ leis/l6938.htm>. Acesso em: 13 set. 2014. _____. Decreto n. 3.551, de 4 de agosto de 2000. Diário Oficial da União, Poder Executivo, Brasília, DF, 7 ago. 2000a. Disponível em: <http://www.planalto.gov.br/ccivil_03/decreto/ D3551.htm>. Acesso em: 1 dez. 2014.

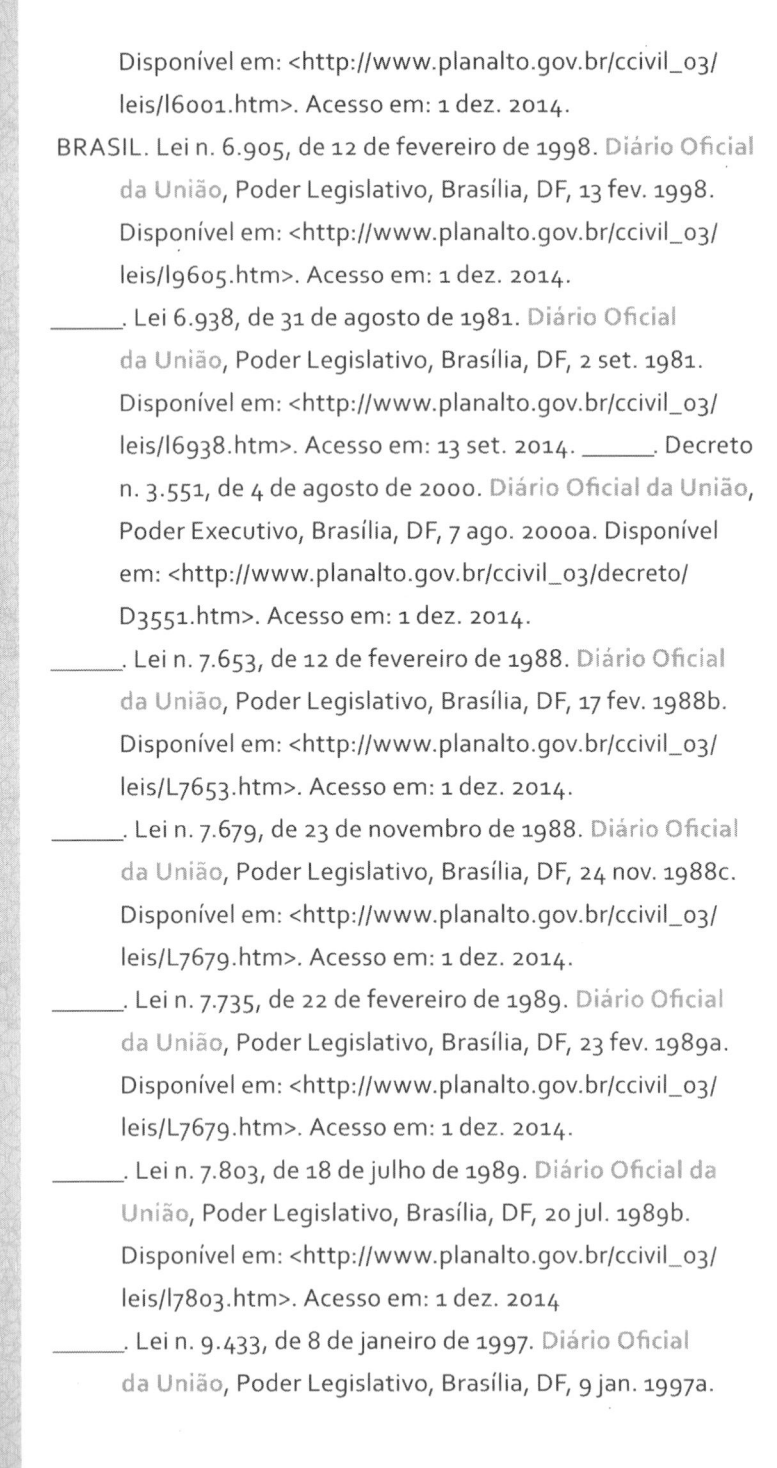

_____. Lei n. 7.653, de 12 de fevereiro de 1988. Diário Oficial da União, Poder Legislativo, Brasília, DF, 17 fev. 1988b. Disponível em: <http://www.planalto.gov.br/ccivil_03/ leis/L7653.htm>. Acesso em: 1 dez. 2014.

_____. Lei n. 7.679, de 23 de novembro de 1988. Diário Oficial da União, Poder Legislativo, Brasília, DF, 24 nov. 1988c. Disponível em: <http://www.planalto.gov.br/ccivil_03/ leis/L7679.htm>. Acesso em: 1 dez. 2014.

_____. Lei n. 7.735, de 22 de fevereiro de 1989. Diário Oficial da União, Poder Legislativo, Brasília, DF, 23 fev. 1989a. Disponível em: <http://www.planalto.gov.br/ccivil_03/ leis/L7679.htm>. Acesso em: 1 dez. 2014.

_____. Lei n. 7.803, de 18 de julho de 1989. Diário Oficial da União, Poder Legislativo, Brasília, DF, 20 jul. 1989b. Disponível em: <http://www.planalto.gov.br/ccivil_03/ leis/l7803.htm>. Acesso em: 1 dez. 2014

_____. Lei n. 9.433, de 8 de janeiro de 1997. Diário Oficial da União, Poder Legislativo, Brasília, DF, 9 jan. 1997a.

Disponível em: <http://www.planalto.gov.br/ccivil_03/leis/l9433.htm>. Acesso em: 1 dez. 2014.

BRASIL. Lei n. 9.966, de 28 de abril de 2000. Diário Oficial da União, Poder Legislativo, Brasília, DF, 29 abr. 2000a. Disponível em: <http://www.planalto.gov.br/ccivil_03/leis/L9966.htm>. Acesso em: 1 dez. 2014

_____. Lei n. 9.985, de 18 de julho de 2000. Diário Oficial da União, Poder Legislativo, Brasília, DF, 19 jul. 2000b. Disponível em: <http://www.planalto.gov.br/ccivil_03/leis/l9985.htm>. Acesso em: 1 dez. 2014.

_____. Lei n. 10.257, de 10 de julho de 2001. Diário Oficial da União, Poder Legislativo, Brasília, DF, 10 jul. 2001a. Disponível em: <http://www.camara.gov.br/sileg/integras/1060082.pdf>. Acesso em: 1 dez. 2014.

_____. Lei n. 10.683, de 28 de maio de 2003. Diário Oficial da União, Poder Legislativo, Brasília, DF, 28 maio 2003a. Disponível em: <http://www.planalto.gov.br/ccivil_03/leis/2003/l10.683.htm>. Acesso em: 1 dez. 2014.

_____. Lei n. 11.516, de 28 de agosto de 2007. Diário Oficial da União, Poder Legislativo, Brasília, DF, 29 ago. 2007b. Disponível em: <http://www.planalto.gov.br/ccivil_03/_ato2007-2010/2007/lei/l11516.htm>. Acesso em: 1 dez. 2014.

_____. Lei Complementar n. 140, de 8 de dezembro de 2011. Diário Oficial da União, Poder Legislativo, Brasília, DF, 9 dez. 2011. Disponível em: <http://www.planalto.gov.br/ccivil_03/leis/lcp/Lcp140.htm>. Acesso em: 1 dez. 2014.

BRASIL. Ministério do Meio Ambiente. Resolução n. 1, de 23 de janeiro de 1986. Diário Oficial da União, Brasília, DF, 17 fev. 1986a. Disponível em: <http://www.mma.gov.br/port/conama/res/res86/res0186.html>. Acesso em: 13 set. 2014.

BRASIL. Ministério do Meio Ambiente. Resolução n. 2, de 18 de abril de 1996. Diário Oficial da União, Brasília, DF, 18 abr. 1996. Disponível em: <http://www.mma.gov.br/port/conama/res/res96/reso296.html>. Acesso em: 29 nov. 2014.

_____. Resolução n. 5, de 6 de agosto de 1987. Diário Oficial da União, Brasília, DF, 22 out. 1987a. Disponível em: <http://www.mma.gov.br/port/conama/res/res87/reso587.html>. Acesso em: 29 nov. 2014.

_____. Resolução n. 6, de 16 de setembro de 1987. Diário Oficial da União, Brasília, DF, 22 out. 1987b. Disponível em: <http://www.mma.gov.br/port/conama/res/res87/reso687.html>. Acesso em: 29 nov. 2014.

_____. Resolução n. 9, de 3 de dezembro de 1987. Diário Oficial da União, Brasília, DF, 5 jul. 1990b. Disponível em: <http://www.mma.gov.br/port/conama/legiabre.cfm?codlegi=60>. Acesso em: 29 nov. 2014.

_____. Resolução n. 10, de 3 de dezembro de 1987. Diário Oficial da União, Brasília, DF, 18 mar. 1988d. Disponível em: <http://www.mma.gov.br/port/conama/res/res87/res1087.html>. Acesso em: 29 nov. 2014.

_____. Resolução n. 11, de 18 de março de 1986. Diário Oficial da União, Brasília, DF, 2 maio 1986b. Disponível em: <http://www.mma.gov.br/port/conama/legislacao/CONAMA_RES_CONS_1986_011.pdf>. Acesso em: 29 nov. 2014.

_____. Resolução n. 237, de 19 de dezembro de 1997. Diário Oficial da União, Brasília, DF, 2 dez. 1997b. Disponível em: <http://www.mma.gov.br/port/conama/res/res97/res23797.html>. Acesso em: 13 set. 2014.

_____. Resolução n. 239, de 12 de dezembro de 2001. Diário Oficial da União, Brasília, DF, 29 abr. 2002b. Disponível em: <http://www.mma.gov.br/port/conama/res/res01/ res29301.html>. Acesso em: 29 nov. 2014.

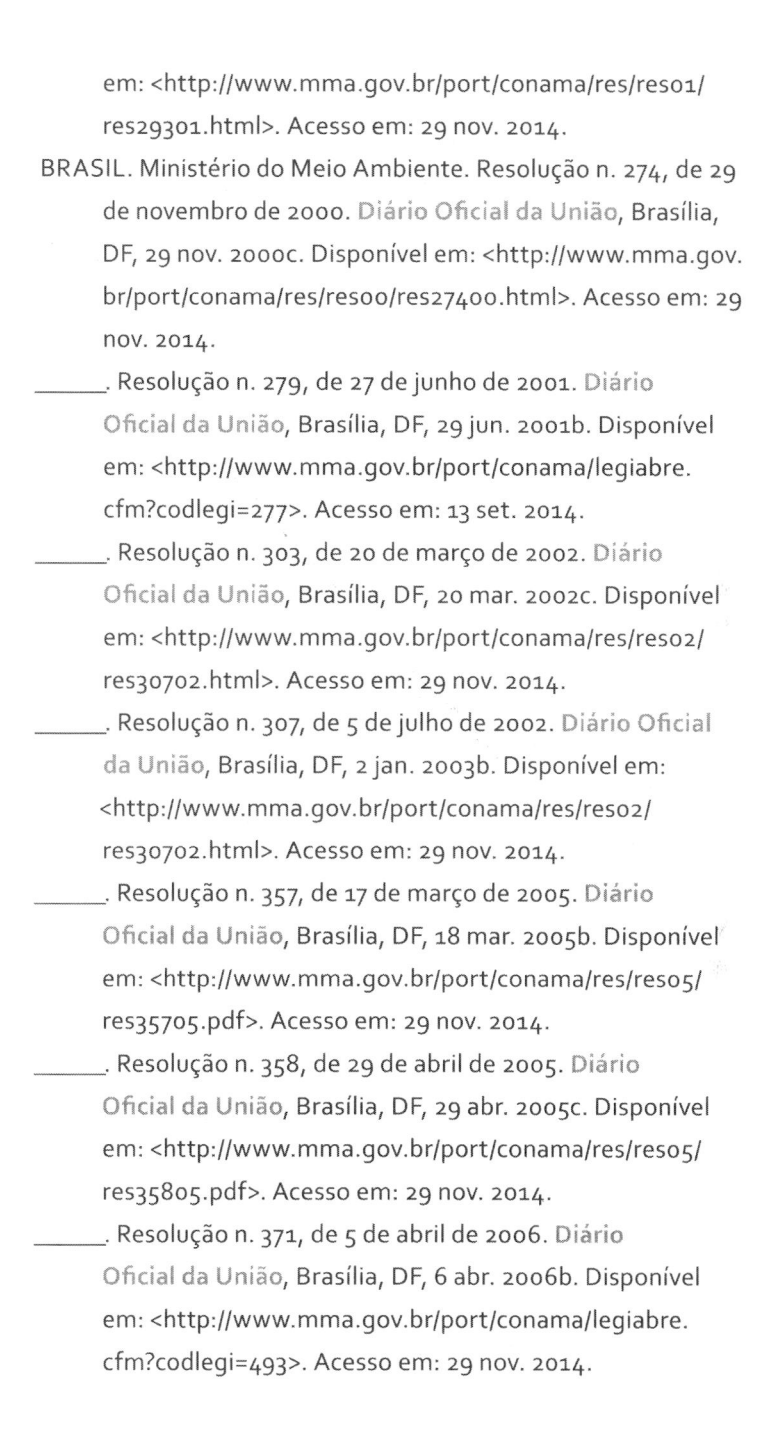

BRASIL. Ministério do Meio Ambiente. Resolução n. 274, de 29 de novembro de 2000. Diário Oficial da União, Brasília, DF, 29 nov. 2000c. Disponível em: <http://www.mma.gov.br/port/conama/res/res00/res27400.html>. Acesso em: 29 nov. 2014.

_____. Resolução n. 279, de 27 de junho de 2001. Diário Oficial da União, Brasília, DF, 29 jun. 2001b. Disponível em: <http://www.mma.gov.br/port/conama/legiabre.cfm?codlegi=277>. Acesso em: 13 set. 2014.

_____. Resolução n. 303, de 20 de março de 2002. Diário Oficial da União, Brasília, DF, 20 mar. 2002c. Disponível em: <http://www.mma.gov.br/port/conama/res/res02/res30702.html>. Acesso em: 29 nov. 2014.

_____. Resolução n. 307, de 5 de julho de 2002. Diário Oficial da União, Brasília, DF, 2 jan. 2003b. Disponível em: <http://www.mma.gov.br/port/conama/res/res02/res30702.html>. Acesso em: 29 nov. 2014.

_____. Resolução n. 357, de 17 de março de 2005. Diário Oficial da União, Brasília, DF, 18 mar. 2005b. Disponível em: <http://www.mma.gov.br/port/conama/res/res05/res35705.pdf>. Acesso em: 29 nov. 2014.

_____. Resolução n. 358, de 29 de abril de 2005. Diário Oficial da União, Brasília, DF, 29 abr. 2005c. Disponível em: <http://www.mma.gov.br/port/conama/res/res05/res35805.pdf>. Acesso em: 29 nov. 2014.

_____. Resolução n. 371, de 5 de abril de 2006. Diário Oficial da União, Brasília, DF, 6 abr. 2006b. Disponível em: <http://www.mma.gov.br/port/conama/legiabre.cfm?codlegi=493>. Acesso em: 29 nov. 2014.

BRASIL. Ministério do Meio Ambiente. Resolução n. 412, de 13 de maio de 2009. Diário Oficial da União, Brasília, DF, 14 maio 2009b. Disponível em: <http://www.mma.gov.br/port/conama/legiabre.cfm?codlegi=605>. Acesso em: 29 nov. 2014.

_____. Caderno de licenciamento ambiental. Brasília: MMA, 2009c. Disponível em: <http://www.mma.gov.br/estruturas/sqa_pnla/_arquivos/ultimo_caderno_pnc_licenciamento_caderno_de_licenciamento_ambiental_46.pdf>. Acesso em: 10 set. 2014.

_____. O setor de transporte e o meio ambiente. Disponível em: <http://www.mma.gov.br/estruturas/sqa_pnla/_arquivos/ transporte.doc>. Acesso em: 24 nov. 2014a.

_____. Sistema Nacional do Meio Ambiente. Disponível em: <http://www.mma.gov.br/governanca-ambiental/sistema-nacional-do-meio-ambiente>. Acesso em: 26 mar. 2014b.

BRASIL. Ministério do Meio Ambiente. Conselho Nacional do Meio Ambiente. Sisnama: Sistema Nacional do Meio Ambiente. Disponível em: <http://www.mma.gov.br/port/conama/estr1.cfm>. Acesso em: 24 nov. 2014c.

_____. O que é o Conama? Disponível em: <http://www.mma.gov.br/port/conama/estr.cfm>. Acesso em: 26 mar. 2014d.

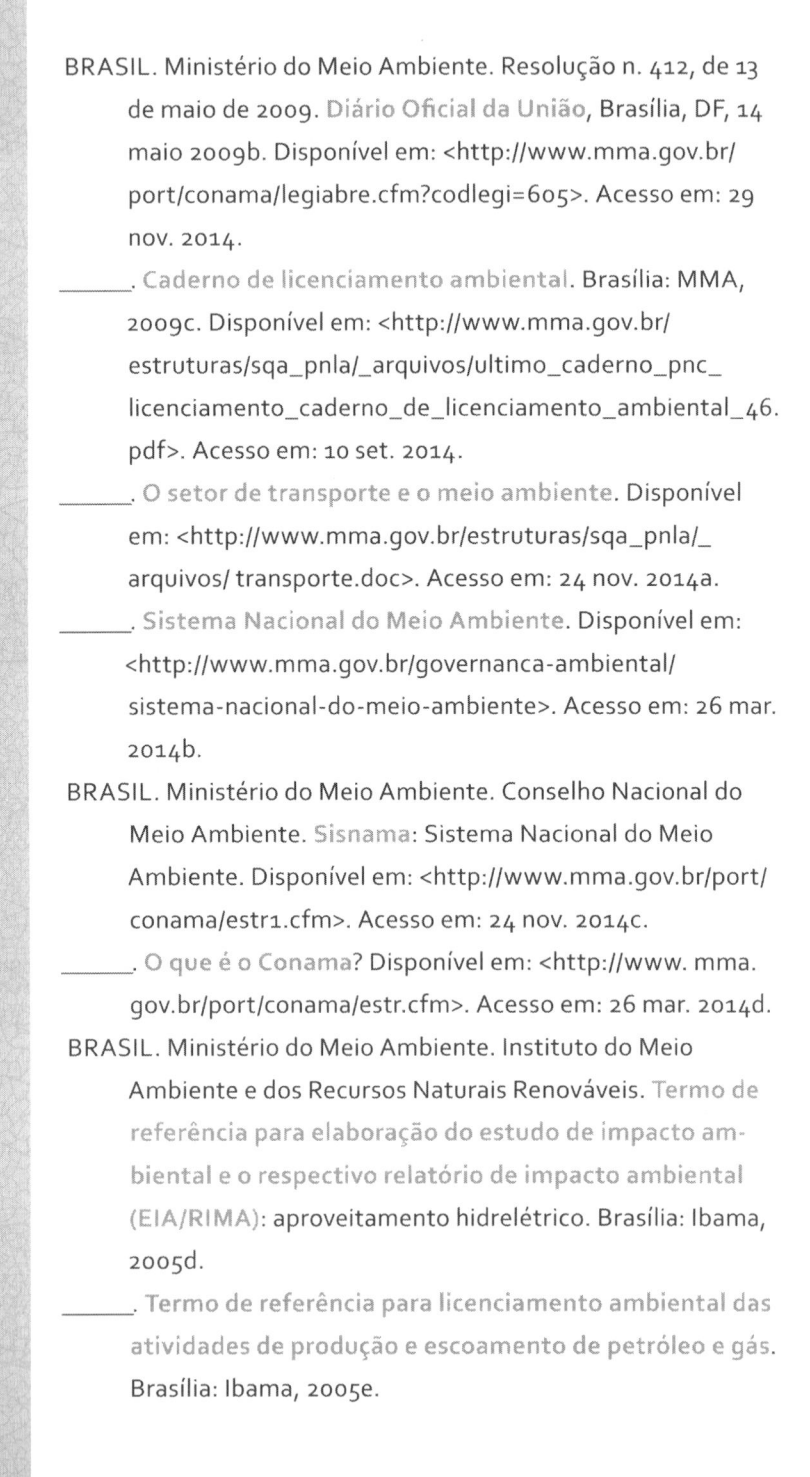

BRASIL. Ministério do Meio Ambiente. Instituto do Meio Ambiente e dos Recursos Naturais Renováveis. Termo de referência para elaboração do estudo de impacto ambiental e o respectivo relatório de impacto ambiental (EIA/RIMA): aproveitamento hidrelétrico. Brasília: Ibama, 2005d.

_____. Termo de referência para licenciamento ambiental das atividades de produção e escoamento de petróleo e gás. Brasília: Ibama, 2005e.

BRASIL. Ministério do Meio Ambiente. Instituto do Meio Ambiente e dos Recursos Naturais Renováveis. Banco Interamericano de Desenvolvimento. Programa das Nações Unidas para o Desenvolvimento. Guia de procedimentos do licenciamento ambiental federal: documento de referência. Brasília: Celaf, 2002d.

BRASIL. Ministério de Minas e Energia. Centrais Elétricas Brasileiras S.A. Informativo eletrônico AHE Belo Monte. 5 ed. Brasília: [s.n.], 2008a. Disponível em: <http://webcache.googleusercontent.com/search?q=cache:EYzcdqnBNwMJ:www.eletrobras.com/elb/services/DocumentManagement/FileDownload.EZTSvc.asp%3FDocumentID%3D%257B5E529D6C-D658-4FFA-9E5D-5A2D90B4B0BD%257D%26ServiceInstUID%3D%257B9F99B54C-E9F1-479F-A9B0-F08EFBF20600%257D+&cd=1&hl=pt-BR&ct=clnk&gl=br>. Acesso em: 10 set. 2014.

BRASIL. Ministério de Minas e Energia. Centrais Elétricas Brasileiras S.A. Comitê Coordenador das Atividades de Meio Ambiente do Setor Elétrico. Referencial para orçamentação dos programas socioambientais: sistemas de transmissão. Rio de Janeiro: MME; Eletrobrás; Comase, 1994a. v. 3. Disponível em: <http://webcache.googleusercontent.com/search?q=cache:fbYGbBHbE8MJ:https://www.eletrobras.com/ELB/services/DocumentManagement/FileDownload.EZTSvc.asp%3FDocumentID%3D%257BC62BC8B7-41A1-425E-B165-29DA43B96181%257D%26ServiceInstUID%3D%257B4E86B18A-08C8-498E-8AB6-DBA989CE5A8F%257D+&cd=2&hl=pt-BR&ct=clnk&gl=br>. Acesso em: 10 set. 2014.

BRASIL. Ministério de Minas e Energia. Centrais Elétricas Brasileiras S.A. Comitê Coordenador das Atividades de Meio Ambiente do Setor Elétrico. Referencial para orçamentação dos programas socioambientais: usinas hidrelétricas. Rio de Janeiro: MME; Eletrobrás; Comase, 1994b. v. 1. Disponível em: <http://webcache.googleusercontent.com/search?q=cache:FKmyLo_kJhcJ:www.eletrobras.com/elb/services/DocumentManagement/FileDownload.EZTSvc.asp%3FDocumentID%3D%257B780A8AE1-2682-417C-95A7-E355C0E5EC4D%257D%26ServiceInstUID%3D%257B4E86B18A-08C8-498E-8AB6-DBA989CE5A8F%257D+&cd=1&hl=pt-BR&ct=clnk&gl=br>. Acesso em: 10 set. 2014.

BRASIL. Ministério de Minas e Energia. Conselho Nacional de Política Energética. Resolução n. 6, de 3 de julho de 2008. Diário Oficial da União, Brasília, DF, 17 jul. 2008b. Disponível em: <http://www.mme.gov.br/mme/galerias/arquivos/conselhos_comite/CNPE/resolucao_2008/Resolucao_6.pdf>. Acesso em: 1 dez. 2014.

BURSZTYN, M. A. A. Gestão ambiental: instrumentos e práticas. Brasília: Ibama, 1994.

CANTER, L. W. Manual de evaluación de impacto ambiental: técnicas para la elaboración de los estudios de impacto. 2. ed. Madrid: McGraw Hill, 1998.

CMMAD – Comissão Mundial sobre Meio Ambiente e Desenvolvimento. Nosso futuro comum. Rio de Janeiro: FGV, 1991.

COMUNIDADE EUROPEIA. Directiva 85/337/CEE do Conselho, de 27 de junho de 1985. Disponível em: <http:// eur-lex.europa.eu/LexUriServ/LexUriServ.do?uri=CELEX:31985L0337:PT:HTML>. Acesso em: 15 maio 2014.

ECOLOGUS. Relatório Ambiental Simplificado (RAS) para atividade de implantação de aterro sanitário para lixo urbano localizado no Município de São Fidélis, 2011. Disponível em: <https://books.google.com.br/books?id=CdUkPBAwjxgC> Acesso em: 1 dez. 2012.

FIRJAN – Federação das Indústrias do Estado do Rio de Janeiro. Manual de licenciamento ambiental: guia de procedimentos passo a passo. Rio de Janeiro: GMA, 2004.

FRISONI, P. P. L. Modelo para verificação da sustentabilidade de unidade de conservação baseado nos princípios da lógica Fuzzy: um estudo de caso da estação ecológica de Tamoios, RJ. 190 f. Monografia (Graduação em Engenharia Ambiental) – Universidade Severino Sombra, Vassouras, 2010.

GARCIA, K. C. et al. Concepção de um modelo matemático de avaliação de projetos de responsabilidade social empresarial (RSE). Revista Gestão & Produção, São Carlos, v. 14, n. 3, p. 535-544, set./dez. 2007. Disponível em: <http://www.scielo.br/scielo.php?pid=S0104-530X2007000300009&script=sci_arttext>. Acesso em: 10 set. 2014.

GARCIA, K. C.; LA ROVERE, E. L. Petróleo: acidentes ambientais e riscos à biodiversidade. Rio de Janeiro: Interciência, 2011.

GONÇALVES, G. L. Uso das técnicas de avaliação de impacto ambiental: considerações finais. Revista Luminária, União da Vitória, v. 3, n. 8, p. 38, 2007.

GRACIOLI, C. R.; ROCHA, J. S. M. da. Impactos ambientais na microbacia hidrográfica do rio Vacacaí-Mirim em Santa Maria – RS. Ambiciência, Guarapuava, v. 4, n. 2, p. 251-263, maio/ago. 2005. Disponível em: <http://revistas.

unicentro.br/index. php/ambiencia/article/view/166/203>. Acesso em: 10 set. 2014.

IAIA – International Association for Impact Assessment. What is Impact Assessment? Oct. 2009. Disponível em: <http://www.iaia.org/publicdocuments/ special-publications/What%20is%20IA_web.pdf>. Acesso em: 10 nov. 2013.

IBAMA – Instituto do Meio Ambiente e dos Recursos Naturais Renováveis. Atribuições. Disponível em: <http://www.ibama.gov.br/acesso-a-informacao/atribuicoes>. Acesso em: 24 nov; 2014.

_____. Avaliação de impacto ambiental: agentes sociais, procedimentos e ferramentas. Brasília: Ibama, 1995.

_____. Diretrizes de pesquisa aplicada ao planejamento e gestão ambiental. Brasília: Ibama, 1994.

JOHN, Y.; REZA, L. Fuzzy Logic: Intelligence, Control, and Information. New Jersey: Prentice Hall, 1999.

LEME ENGENHARIA. Estudo de Impacto Ambiental do Aproveitamento Hidrelétrico de Belo Monte (PA). maio 2009. Disponível em: <http://www.eletrobras.com/ELB/main.asp?View=%7b1B18E422-243D-49FA-8F34-5DF7F020115A%7d>. Acesso em: 1 dez. 2013.

LIMA – Laboratório Interdisciplinar de Meio Ambiente. Avaliação ambiental estratégica para o setor de petróleo e gás natural no sul da Bahia. Rio de Janeiro: [s.n], 2003.

MATOS, D. F. et al. CEA – Gis Based Automatic Tool for Gas Pipeline Corridors: Siggas Project. Disponível em: <http://www.iaia.org/IAIA08Calgary/documents/ARTIGO_IAIA_CALGARY_Revised.pdf>. Acesso em: 24 nov. 2014.

MEADOWNS, D. L. et al. The Limits to Growth. New York: Universe Books, 1972.

MEDEIROS, R. Singularidades do sistema de áreas protegidas para a conservação e uso da biodiversidade brasileira. Rio de Janeiro: Vozes, 2005.

MORRISON-SAUNDERS, A.; MARSHALL, R.; ARTS, J. EIA Follow-up: International Best Practice Principles. IAIA, Special Publication Series, n. 6, jul. 2007. Disponível em: <http:// www.iaia.org/publicdocuments/special-publications/SP6.pdf?AspxAutoDetectCookieSuppo rt=1>. Acesso em: 10 nov. 2013.

MOURA, H. J. T. de; OLIVEIRA, F. C. de. O uso das metodologias de avaliação de impacto ambiental em estudos realizados no Ceará. Revista Pretexto, v. 10, n. 4, art. 5, p. 79-98, 2009. Disponível em: <http://www.spell.org.br/documentos/ver/3838/uso-das-metodologias-de-avaliacao-de-impacto-ambiental-em-estudos-realizados-no-ceara>. Acesso em: 26 mar. 2014.

ONU – Organização das Nações Unidas. Declaração do Rio sobre Meio Ambiente e Desenvolvimento. 1992. Disponível em: <http://www.onu.org.br/rio20/img/2012/01/rio92.pdf>. Acesso em: 1 out. 2013.

PARÁ. Lei n. 5.877, de 21 de dezembro de 1994. Diário Oficial da União, 21 dez. 1994. Disponível em: <http://www.ambienteterra.com.br/paginas/legislacaoparaense/leisestaduais/leis/lei5877.html>. Acesso em: 1 dez. 2014.

RIO DE JANEIRO (Estado). Decreto n. 42.159, de 2 de dezembro de 2009. Diário Oficial do Estado, 3 dez. 2009. Disponível em: <http://www.legisweb.com.br/legislacao/?id=158541>. Acesso em: 1 dez. 2014.

_____. Lei n. 1.356, de 3 de outubro de 1988. Diário Oficial da União, 5 out. 1988. Disponível em: <http://alerjln1.alerj.rj.gov.br/CONTLEI.NSF/b24a2da5a077847c032564f4005d

4bf2/9469909dacf391bc0325653a007da634>. Acesso em: 29 nov. 2014.

RIO DE JANEIRO (Estado). Resolução n. 42, de 17 de agosto de 2012. Diário Oficial da União, Brasília, DF, 17 ago. 2012. Disponível em: <http://download.rj.gov.br/documentos/10112/1052411/DLFE-53946.pdf/Res_CONEMA_42_12.pdf>. Acesso em: 29 nov. 2014.

RIO DE JANEIRO (Estado). Secretaria de Estado do Ambiente. Comissão Estadual de Meio Ambiente. Deliberação n. 1.078, de 25 de junho de 1987.

_____. Deliberação n. 2.555, de 26 de novembro de 1991.

_____. Deliberação n. 4.662, de 7 de abril de 2006.

_____. Deliberação n. 4.845, de 12 de julho de 2007.

RIO DE JANEIRO (Estado). Engenharia Consultiva. Relatório Ambiental Simplificado (RAS) para atividade de implantação de aterro sanitário para lixo urbano localizado no Município de São Fidélis, RJ. Rio de Janeiro: [s.n], 2011.

RIO DE JANEIRO (Estado). Instituto Estadual do Ambiente. Instrução Técnica 1.302 R1. Disponível em: <http://www.inea.rj.gov.br/cs/groups/public/@inter_pres_aspres/documents/document/zwff/mda3/~edisp/inea_007100.pdf>. Acesso em: 1 dez. 2014a.

_____. Portal do licenciamento ambiental. Disponível em: <http://www.inea.rj.gov.br/Portal/MegaDropDown/Licenciamento/index.htm&lang=>. Acesso em: 24 nov. 2014b.

SÁNCHEZ, L. E. Avaliação de impacto ambiental: conceitos e métodos. São Paulo: Oficina de Textos, 2008.

_____. O processo de avaliação de impacto ambiental, seus papéis e funções. In: LIMA, A. L. B. R.; TEIXEIRA, H. R.;

SÁNCHEZ, L. E. A efetividade do processo de avaliação de impacto ambiental no Estado de São Paulo. São Paulo: Secretaria do Meio Ambiente do Estado de São Paulo, [S. d.]. p. 13-18. Disponível em: <http://ambiental.adv.br/ufvjm/aiaetapas.pdf>. Acesso em: 20 jun. 2014.

SANTOS, S. M. S. B. M.; HERNANDEZ, F. del M. (Org.). Painel de especialistas: análise crítica do estudo de impacto ambiental do aproveitamento hidrelétrico de Belo Monte. Belém: Painel de Especialistas, 2009. Disponível em: <http://www.internationalrivers.org/files/attached-files/belo_monte_pareceres_ibama_online_3.pdf>. Acesso em: 1 dez. 2013.

SÃO PAULO (Estado). Companhia Ambiental do Estado de São Paulo. Para atividades ou empreendimentos potencial ou efetivamente causadores de degradação ambiental. Disponível em: <http://licenciamento.cetesb.sp.gov.br/cetesb/aia_2.asp>. Acesso em: 24 nov. 2014.

TCU – Tribunal de Contas da União. Cartilha de licenciamento ambiental. 2. ed. Brasília: TCU, 2007. Disponível em: <http://portal2.tcu.gov.br/portal/pls/portal/docs/2059156.PDF>. Acesso em: 10 set. 2014.

WALM – Engenharia e tecnologia ambiental. Áreas de atuação (produtos e serviços): planejamento e execução de programas e planos ambientais. Disponível em: <http://www.walmambiental.com.br/produtos_servicos/produtos_comunicacao_socioambiental.htm>. Acesso em: 26 mar. 2014.

Respostas

Capítulo 1

1. Existem diversas definições de impacto ambiental, mas a oficial (brasileira) está na Resolução Conama n. 1/1986 (Brasil, 1986), que o concebe como "qualquer alteração das propriedades físicas, químicas e biológicas do meio ambiente, causada por qualquer forma de matéria ou energia resultante das atividades humanas" que tem efeito direto ou indiretos na saúde, na segurança e no bem-estar da população; nas atividades sociais e econômicas; na biota (conjunto de seres vivos de uma região); nas condições estéticas e sanitárias do meio ambiente; e a qualidade dos recursos ambientais.

2. Os impactos ambientais potenciais estão associados a construção, operação e descomissionamento normais, isto é, sem ocorrência de eventos acidentais. Já os riscos ambientais potenciais relacionam-se a eventos acidentais na construção, na operação e no descomissionamento de atividades ou empreendimentos.

3. d

4. e

5. F, F, V.

Capítulo 2

1. De acordo com a Resolução Conama n. 237/1997, licenciamento ambiental é o procedimento administrativo pelo qual o órgão ambiental competente licencia a localização, a instalação, a ampliação e a operação de empreendimentos, além das atividades utilizadoras de recursos ambientais, consideradas efetiva ou potencialmente poluidoras ou daquelas que, sob qualquer forma, possam causar degradação ambiental, levando em conta as disposições legais e regulamentares e as normas técnicas aplicáveis ao caso.

2. O licenciamento ambiental é uma obrigação legal compartilhada pelos órgãos estaduais de meio ambiente e pelo Ibama, partes integrantes do Sisnama. O Ibama atua, principalmente, no licenciamento de grandes projetos de infraestrutura que envolvam impactos em mais de um estado e nas atividades do setor de petróleo e gás na plataforma continental. Quando se trata de projetos com impactos em dois ou mais municípios, a competência é do órgão ambiental estadual; quando o impacto é local, a competência é do órgão ambiental municipal.

   Cabe lembrar que, desde a promulgação da resolução Conama n. 237/1997, os municípios passam a ter o poder/dever de licenciar os empreendimentos e atividades cujo impacto seja local. Nos termos de tal resolução, a competência legal para licenciar, quando definida em função da abrangência dos impactos diretos que a atividade pode gerar, pode ser: a) do município, se os impactos diretos forem locais; b) do estado, se os impactos diretos atingirem dois ou mais municípios; e c) do Ibama, se os impactos diretos se derem em dois ou mais estados. Além disso, a competência pode ser definida em razão da localização do empreendimento e da matéria. Algumas atividades, por terem uma importância estratégica, são licenciadas obrigatoriamente pelo Ibama: a) aquelas cujos impactos diretos ultrapassem os limites do país; b) as localizadas ou desenvolvidas conjuntamente no Brasil e em país limítrofe; c) as localizadas no mar territorial; d) as localizadas na plataforma continental; e) as localizadas na zona econômica exclusiva; f) as localizadas em terras indígenas; g) as localizadas em unidades de conservação de domínio da União; h) as que envolvem material radioativo; e i) os empreendimentos militares.

3. b

4. e

5. F, V, V, V.

Capítulo 3

1. O EIA consiste em um estudo de impactos ambientais completo, exigido no âmbito do licenciamento ambiental de empreendimentos potencialmente poluidores. O conteúdo do EIA é definido pelo Conama, mas pode ser alterado pelo órgão licenciador, de acordo com cada caso.

   O Rima é o relatório de impacto ambiental baseado no EIA; deve ser apresentado de forma objetiva e adequada. As informações devem ser traduzidas em linguagem acessível, ilustradas por mapas, cartas, quadros, gráficos e demais técnicas de comunicação visual, de modo que seja possível entender as vantagens e desvantagens do projeto, bem como todas as consequências ambientais de sua implementação.

O RAS é o relatório ambiental simplificado, de acordo com a Resolução Conama n. 279/2001. Deve ser elaborado no processo simplificado para o licenciamento ambiental de usinas hidrelétricas e sistemas associados, usinas termelétricas e sistemas associados, sistemas de transmissão de energia elétrica (linhas de transmissão e subestações) e usinas eólicas e outras fontes alternativas de energia. Há também a Resolução Conama n. 412/2009, a qual prevê a realização de RAS para novos empreendimentos habitacionais, incluindo atividades de infraestrutura de saneamento básico, viária e energia. Além disso, alguns estados e municípios também estabeleceram mecanismos simplificados para o licenciamento ambiental de outras atividades potencialmente poluidoras.

Já em São Paulo, a Cetesb prevê a realização do chamado *estudo ambiental simplificado* (EAS) para empreendimentos com impacto ambiental muito pequeno e não significativo. Após a análise do EAS, a Cetesb pode solicitar a complementação das informações e até mesmo a apresentação de um relatório ambiental preliminar (RAP) ou mesmo de EIA e RIMA. O RAP é requerido no momento da obtenção de LP para os empreendimentos potencialmente causadores de impactos ambientais.

2. I – Diagnóstico ambiental da área de influência do projeto (descrição e análise dos recursos ambientais e suas interações, tal como existem), de modo a caracterizar a situação ambiental

da área, antes da implantação do projeto, considerando os meios físico e biológico, os ecossistemas naturais e os meios socioeconômico.

II – Análise dos impactos ambientais do projeto e de suas alternativas, por meio de identificação, previsão da magnitude e interpretação da importância dos prováveis impactos relevantes, discriminando: os impactos positivos e negativos (benéficos e adversos); diretos e indiretos; imediatos e em médio e longo prazos; temporários e permanentes; o grau de reversibilidade; as propriedades cumulativas e sinérgicas; e a distribuição dos ônus e benefícios sociais.

III – Definição das medidas mitigadoras dos impactos negativos, entre elas os equipamentos de controle e os sistemas de tratamento de despejos, avaliando a eficiência de cada uma delas.

IV – Elaboração do programa de acompanhamento e monitoramento dos impactos positivos e negativos, indicando os fatores e parâmetros a serem considerados.

3. e
4. d
5. F, F, F.

Capítulo 4

1. Metodologias espontâneas (*Ad Hoc*), listagens (*checklist*), matrizes de interações (por exemplo, Leopold), redes de interações (*networks*) e superposição de mapas (*overlays*).
2. Battelle, metodologias quantitativas, modelos de simulação e projeção de cenários.

3. a

4. d

5. F, F, F.

Capítulo 5

1. Medidas de controle: visam a evitar a ocorrência (total ou parcial) dos impactos socioambientais de um projeto ou empreendimento.

   Medidas mitigadoras: visam atenuar os efeitos negativos do empreendimento, ou seja, reduzir as consequências dos impactos socioambientais.

   Medidas compensatórias: visam compensar a perda de elementos importantes do ecossistema, do ambiente construído, do patrimônio cultural ou de relações sociais, compensando os impactos causados pelo projeto ou empreendimento.

2. Programa de gestão ambiental, programa de gerenciamento de riscos, programa de comunicação social, programa de educação ambiental.

3. d

4. d

5. F, F, F.

Sobre a autora

Katia Cristina Garcia é doutora em Planejamento Ambiental pelo Programa de Planejamento Energético do Instituto Alberto Luiz Coimbra de Pós-Graduação e Pesquisa de Engenharia (Coppe), da Universidade Federal do Rio de Janeiro (UFRJ), e mestre em Engenharia de Produção pelo Programa de Engenharia de Produção (PEP) da mesma instituição. Além disso, tem MBA em Desenvolvimento Gerencial pela Fundação Getulio Vargas de São Paulo e é graduada em Engenharia Química pela Pontifícia Universidade Católica do Rio de Janeiro (PUC-Rio).

Tem mais de dez anos de experiência nas áreas de meio ambiente e sustentabilidade empresarial e desenvolvimento de projetos multidisciplinares em sustentabilidade empresarial e gestão ambiental, com ênfase na definição de metodologias, padrões e indicadores de desempenho em empresas dos setores privado e público, bem como na atuação do setor de energia da área acadêmica.

Na área de ensino, foi idealizadora e coordenadora do Curso de Graduação em Engenharia Ambiental na Universidade Severino Sombra (USS) e lecionou diversas disciplinas relativas ao meio ambiente, à energia e aos processos químicos nos cursos de graduação em Engenharia Ambiental, Engenharia Elétrica e Engenharia Química. Foi ainda responsável pelos módulos de Avaliação de Impactos Ambientais nos cursos de pós-graduação *lato sensu* da USS e no curso de especialização em Gestão e Auditoria Ambiental da Universidade Gama Filho (UGF). Atualmente é pesquisadora do Centro de Pesquisas de Energia Elétrica (Cepel) e pesquisadora colaboradora do Laboratório Interdisciplinar de Meio Ambiente (Lima/Coppe/UFRJ).

É autora do livro *Petróleo – Acidentes Ambientais e Riscos à Biodiversidade*, publicado em 2011, e de diversos trabalhos científicos publicados em periódicos e congressos nacionais e internacionais.

Impressão: BSS CARD
Dezembro/2014